# 公共关系实务

主　编　王晓翠

副主编　李延杰　周　颖　王　娜
　　　　葛　咏　魏　维　朱晓虹
　　　　张永清　王卫红　孙瑞春
　　　　陈　新

合肥工业大学出版社

**图书在版编目(CIP)数据**

公共关系实务/王晓翠主编 . —合肥:合肥工业大学出版社,2023.8
ISBN 978 - 7 - 5650 - 6317 - 6

Ⅰ.①公…　Ⅱ.①王…　Ⅲ.①公共关系学　Ⅳ.①C912.3

中国国家版本馆 CIP 数据核字(2023)第 065989 号

## 公共关系实务

| 王晓翠　主编 | | 责任编辑　袁　媛　郑　洁 | |
| --- | --- | --- | --- |
| 出　版 | 合肥工业大学出版社 | 版　次 | 2023 年 8 月第 1 版 |
| 地　址 | 合肥市屯溪路 193 号 | 印　次 | 2023 年 8 月第 1 次印刷 |
| 邮　编 | 230009 | 开　本 | 787 毫米×1092 毫米　1/16 |
| 电　话 | 基础与职业教育出版中心:0551 - 62903120 | 印　张 | 9.75 |
| | 营销与储运管理中心:0551 - 62903198 | 字　数 | 225 千字 |
| 网　址 | press.hfut.edu.cn | 印　刷 | 安徽联众印刷有限公司 |
| E-mail | hfutpress@163.com | 发　行 | 全国新华书店 |

ISBN 978 - 7 - 5650 - 6317 - 6　　　　　　　　　　定价:45.00 元

如果有影响阅读的印装质量问题,请联系出版社营销与储运管理中心调换。

# 前　言

党的二十大指明了以中国式现代化全面推进中华民族伟大复兴的目标任务，绘就了中国未来发展的宏伟蓝图。新时代新征程，对中国公共关系事业发展提出了新任务新要求，也提供了广阔的空间。深化研究、积极推进公共关系理论与实践创新，充分发挥公共关系传播引导和协调各方的作用，对于对内阐释好党和政府的各项政策举措，广泛凝聚社会共识，汇聚起现代化建设磅礴力量；对于对外讲好中国故事，为全面建设社会主义现代化国家营造良好外部环境，都具有十分重要的意义。

公共关系学是一门研究组织与公众之间传播与沟通的概念、规律、行为及方法的学科，也是当代传播学与管理学研究最活跃的领域之一，是一门集理论与实践为一体的学科。它是管理学、传播学、政治学、市场营销学、新闻学、广告学、语言学等多学科相互交叉、融合而产生的一门综合性、应用性的新兴学科。公共关系学对于党政机关和企事业单位等各种社会组织的发展具有重要的实践意义。

各种社会组织的蓬勃发展，都离不开一个良好的环境空间，需要与社会各方建立良好和谐的关系。公共关系不仅可以在社会各界中发挥协调沟通等职能，还可以为人们提供规范自身行为、适应社会环境、参与现代社会竞争的手段。

本书充分阐述了公共关系的目的、方法及本质，突出了公共关系在协调内外环境、塑造组织形象、创造优化的社会环境和发展条件等方面的重要作用。本书的编写团队中既有公共关系行业资深的一线专家，也有在课堂上从事多年教学的专职教师，他们对公共关系的相关知识点和案例进行了梳理，在编写过程中注意融理论性与实战性于一体，可以帮助读者结合公共关系案例与实践操作，加深对公共关系理论的认识与理解。

本书内容新颖，实操性强，强调实践性和动手能力，主要特色如下：

● 立足实际应用。从公共关系的策划到危机公关的准备与技巧，从专题活动策划到执行，从创新手段方式到开展灵活多样的信息传播和形象展示，本书在内容编排上体现了以实际应用为主的特色。

● 直观教学，对接企（行）业公关流程。本书选取了大量的行业案例，以案例、图表等形式，帮助读者在实操过程中更直观、清晰地掌握公共关系的方法和技巧。

● 适用范围广。本书编者深耕行业一线多年，具有丰富的实战经验，不管读者处于什么年龄阶段、基础如何，只要想学习好公共关系，都可以在本书的指导下实现自己的愿望。

本书由公共关系行业资深的一线专家，与高校公共关系相关专业具有丰富教学经验的教师共同编写，既可作为高等学校传媒类、管理类等相关专业的教材，也可供各行各业从事宣传、公关等工作或对公共关系感兴趣的读者阅读参考。特别感谢山东省互联网传媒集团股份有限公司所给予的案例支持。

由于编者水平有限，书中难免有疏漏之处，恳请广大读者批评指正。

编　者

2023 年 8 月

# | 目 录 |

请下载智慧职教 App 扫码查看资料

# 项目一　公共关系认知

## 教学目标

了解和把握公共关系的基本概念；了解公共关系的起源和发展，分析公共关系形成和发展的历史条件；理解公共关系的特征和功能；掌握公共关系的基本原则；熟悉公共关系的对象和内容；掌握常见的几种对象型公共关系。

## 知识目标

1. 掌握公共关系的定义与基本要素
2. 了解公共关系的组织形象地位图
3. 了解公共关系的特征与职能界定
4. 了解公共关系的起源与产生的历史条件
5. 掌握公共关系的主要职能与基本原则
6. 掌握常见的几种对象型公共关系

## 能力目标

1. 能够通过对公共关系历史的了解，从而对公共关系有一定的认识
2. 能够运用公共关系的构成要素，分析相关公共关系问题

## 素质目标

1. 能够了解公共关系的起源与发展
2. 能够树立公共关系意识

## 思政目标

通过把"公共关系的主要职能与基本原则"融入社会主义核心价值观，让学生在学习专业知识的过程中自觉提升思想道德修养，提高政治觉悟。

# 任务一　公共关系概论

公共关系是一种科学的现代管理方法，是协调、处理现代组织与公众之间的各种关系，保证事业成功的一门不可缺少的学问。

公共关系诞生于 20 世纪初，是一门现代管理科学与艺术。在当今世界，许多国家已经把公共关系应用于政治、经济、军事、文化等社会生活的各个方面，以指导各类社会组织的社会实践活动。

## 一、公共关系的基本概念与要素

### （一）公共关系的基本概念

自公共关系成为一门学科以来，人们对公共关系的定义就有成百上千种。公共关系到底有几层含义，目前世界上没有一个公认的看法。公共关系有其独特的性质，了解和把握公共关系的基本概念是我们学习和应用公共关系的基础。

1. 公共关系的定义

"公共关系"一词是舶来品，其英文为 Public Relations，缩写为 PR，简称公关。Public Relations 如果译为"公众关系"，就会有多种理解，既可理解为"与公众的关系"，也可以理解为"公众间的关系"，对于一个社会组织来说，前者具有单向性，后者则具有无关性。因此译为"公共关系"更容易被人们准确理解，其理由有三：一是公共关系的"公众"不仅由人群构成，还包括政府、社区等机构，政府、社区等机构在中国人的心目中是公共事业单位，因此译为"公共关系"更容易被接受；二是我国港台等地的中文著述多是这样的译法，已成为译文主流；三是"公共"一词与"私人"一词相对应，准确表达了"公共关系"与"私人关系"本质的不同。

以上是对"公共关系"一词所作的词源学上的界说，但词源学上的界说代替不了科学的定义。为了准确把握公共关系的含义，必须对它进行科学的分析。

那么，究竟什么是公共关系呢？

（1）传播说。英国公共关系专家弗兰克·杰夫金斯认为："公共关系就是一个组织为了达成与它的公众之间相互了解的确定目标，而有计划地采用的一切向内和向外的传播沟通方式的总和。"美国学者约翰·马斯顿讲得更为坦率："公共关系就是运用有说服力的传播去影响重要的公众。"

（2）管理说。国际公共关系协会曾给公共关系做过如下定义："公共关系是一种管理功能。它具有连续性和计划性。通过公共关系，公立的和私人的组织、机构试图赢得同它们有关的人们的理解、同情和支持——借助对舆论的估价，以尽可能地协调它们自己的政策和做法，依靠有计划的、广泛的信息传播，赢得更有效的合作，更好地实现它们的共同利益。"

（3）关系说。美国普林斯顿大学资深公共关系教授蔡尔兹认为："公共关系是我们所从事的各种活动所发生的各种关系的通称，这些活动与关系都是公众性的，并且都有社会意义。"

英国公共关系协会对公共关系所做的定义为："公共关系的实施是一种积极的、有计划的以及持久的努力，以建立及维护一个机构与其公众之间的相互了解。"

日本电通广告公司对公共关系的定义是："所谓公共关系，就是与社会保持良好关系的技术。"

（4）形象说。中山大学王乐夫教授在《公共关系学》一书中说："公共关系是一种内求团结完善、外求和谐发展的经营管理艺术。"即社会组织运用合理的原则和方法，通过有计划而持久的努力，协调和改善组织机构的对内对外关系，使本组织机构的各项政策和活动符合广大公众的需求，在公众中树立起良好形象，以谋求公众对本组织机构的了解、信任、好感与合作，并获得共同利益。

公共关系学者明安香在《塑造形象的艺术——公共关系学概论》中认为：公共关系是用传播手段塑造组织自身良好形象的艺术。

（5）咨询说。1978 年 8 月，在墨西哥城召开的世界公共关系大会上，代表们对公共关系的含义达成了共识："公共关系是一门艺术和社会科学。它分析趋势，预测后果，向机构领导者提供意见，履行一系列有计划的行动，以服务于本机构和公众的共同利益。"

（6）现象描述说。公共关系是企业管理机构经过自我检讨与改进后，将其态度公诸社会，借以获得顾客、员工及社会的好感和了解的经常不断的工作。

首先，公共关系是一个人或一个组织为获取大众之信任与好感，借以迎合大众之兴趣而调整其政策与服务方针的一种经常性工作。其次，公共关系是对该已调整的政策与服务方针加以说明，以获取大众的了解与欢迎的一种工作。

综上所述，可知公共关系是一种技术，该技术旨在激发大众对于任何一个个人或组织的了解并对其产生信任。公共关系也是工商管理机构用以检测大众态度，检查本机构的政策与服务方针是否得到大众的了解与欢迎的一种职能。

2. 公共关系一词多义

公共关系一词到底有几层含义，目前世界上还没有一个公认的看法。人们普遍认为它既可以被认为是一种状态，又可以被认为是一种活动，还可以被认为是一种学说，更可以被认为是一种观念和职业。

（1）公共关系状态。一般来说，公共关系有四种状态：第一种是高知名度、高美誉度；第二种是低知名度、高美誉度；第三种是低知名度、低美誉度；第四种是高知名度、低美誉度。任何组织都会有一种公共关系状态，且属于这四种状态中的一种。

（2）公共关系活动。公共关系活动是指一个组织为创造良好的社会环境，争取公众舆论支持而采取的政策、行动和手段，主要包括协调、传播、沟通等活动，即以创造良好的公共关系状态为目的的一种信息沟通活动。它表现为日常公共关系活动和专门性公共关系活动两大类。

（3）公共关系观念。公共关系观念是人们在公共关系实践中形成的影响其思想和行为倾向的深层次的思想意识，既有已为人们所达成共识的公共关系观念，也有尚未被人们意识到的潜在观念。它影响和指导着个人或组织决策与行为的价值取向，从而反作用于人们的公共关系活动，并间接影响实际的公共关系状态。当人们自觉地意识到公共关系状态的客观性和公共关系活动的重要性时，便会形成一定的公共关系观念或公共关系意识。

公共关系观念主要有形象观念、公众观念、传播观念、协调观念和互惠观念等。

（4）公共关系学。公共关系学是以公共关系的客观现实和活动规律为研究对象的一门综合性的应用学科，是研究组织与公众之间传播与沟通的行为、规律和方法的一门学科。

公共关系学科具有如下特点：首先，它是一门应用性很强的边缘性学科；其次，它是一门综合性、交叉性的学科，是以传播学和管理学为基础建立的新兴学科。正是这些特点，要求公共关系从业人员只有具有广博的知识和多方面的技能，才能做好公共关系的实务工作。

（5）公共关系职业。公共关系职业是指专门以提供公共关系方面的劳务而获取报酬的职业，其职能是协调组织与公众之间的关系，塑造组织良好的社会形象，以促进组织不断地发展和完善。

3. 公共关系的特征

公共关系是社会关系的一种表现形态。具有科学形态的公共关系与其他任何关系都不同，有它自己的特征，了解这些特征有助于人们加深对公共关系概念的理解。

（1）人情性。公共关系是一种创造美好形象的艺术，它强调的是和谐的人事氛围、最佳的社会舆论，以赢得社会各界的了解、信任、好感与合作。因此，人情性是公共关系最明显的特征之一。

（2）双向性。公共关系是以真实为基础的双向沟通，而不是单向地向公众进行传达或对公众舆论进行调查、监控。因此，以双向沟通过程为特征的传播活动是公共关系最具实质性的内容。

（3）广泛性。公共关系的广泛性包含两层意思。一层意思是指公共关系存在于主体的各种行为过程中，即公共关系无处不在、无时不有，贯穿于主体的整个生存和发展过程。另一层意思是指其公众的广泛性，因为公共关系的对象可以是任何个人、群体和组织，既可以是已经与主体发生关系的任何公众，也可以是将要或有可能与主体发生关系的任何暂时无关的人。

（4）整体性。一个组织机构或个人开展公共关系工作的宗旨是使人们全面地了解自己，从而建立自己的声誉和知名度。它侧重于使人们对该组织机构或个人在社会中的竞争地位和整体形象，产生整体性的认识。

（5）长期性。公共关系的实践告诉人们，不能把公共关系从业人员当作"消防队员"，而应该当作"常备军"，做到时时有公关，处处有公关。

（6）创造性。公共关系面对的是纷繁复杂的社会环境，其对象又是层次多样、心态各异的公众。所以，公共关系本质上是一种创造性的工作，缺乏创造意识的公共关系活动是没有生命力的。要使公共关系体现出创造性特点，从事公共关系活动的人员就必须具备以下素质：强烈的创新意识，按照科学精神办事；善于思考、富有激情，思维高度敏锐、工作细致踏实等。

（7）全员性。公共关系工作在社会组织中是与全体成员都有关的，只有动员组织的全体成员参与公共关系工作，才会有真正的、实效的公共关系。全员参与会使组织的公共关系活动特别有实效。

（二）公共关系的基本要素

公共关系是由社会组织、公众、传播这三个要素构成的。公共关系的主体是社会组织，客体是公众，连接主体与客体的中介是传播。这三个要素构成了公共关系的基本范畴，公共关系的理论研究、实际操作和运行发展都是围绕三者之间的关系层层展开的。

1. 公共关系的主体——社会组织

公共关系离不开主体，没有主体就无法确定是谁和为谁的利益而开展公共关系活动。主体就是活动的发动者、组织者、控制者、实施者和利益相关者，它在公共关系行为过程中处于主动和主导的地位。

（1）社会组织的特点。社会组织简称组织，是指由一定的社会成员按照一定的规范、围绕一定的目标聚合而成的社会团体。它是一个与个体相区别的概念，是人们有意识地为实现某个特定的目标、依照一定的结构形式而组成的有机整体。社会组织一般具有群体性、导向性、系统性、协作性、变动性和稳定性等特点。

（2）社会组织的分类。人们组合成为组织是为了完成某种共同目标，但目标的存在方式各不相同，这就决定了社会组织必然具有多种类型。

通常情况下，组织的类型分为四种：营利性组织、非营利组织、互利性组织和公益性组织。

（3）社会组织与环境。任何组织都不可能孤立地存在于社会之中，必须与一定的环境发生关系。由于环境在本质上是动态系统，它的一个显著特征是具有较大的不确定性。这样，在组织与环境之间就始终存在一个矛盾，即组织目标的确定性与环境的不确定性之间的矛盾。正是由于这个矛盾，才产生了组织对公共关系的需求，这是组织对环境的能动作用的具体表现。

为此，组织必须具备应变能力、认知能力、检验能力、协调能力和结构能力等。

2. 公共关系的客体——公众

公共关系也称公众关系，因为公共关系的工作对象就是公众。要做好公共关系工作，就必须了解和研究公众。只有了解公众，才能真正了解公共关系的对象和内容，才能制定正确的目标和策略，从而使公共关系工作建立在科学的基础上，并与公众建立良好的关系，使组织保持良好的公共关系状态。

（1）公众的基本特点。公共关系的工作对象统称为公众。公众这一概念在公共关系学中有其特定含义，它不是泛指社会生活中的所有人或大多数人，也不是泛指社会生活中的某一方面、某一领域的部分人，而应具体地称为组织的公众。简言之，公众与组织之间相互影响、相互作用。

作为公共关系的客体，公众有其自身的特点：群体性、同质性、变化性和相关性。从这四个方面来把握公众的特定含义，有助于我们理解公众这一概念与大众、群众等概念之间的区别，有助于我们了解、研究公众，从而更好地开展公共关系工作。

（2）公众的分类。根据身处组织内外分类，可分为内部公众和外部公众。根据公众与组织发生关系的时序特征分类，可分为非公众、潜在公众、知晓公众和行动公众。根据公众对组织的重要程度分类，可分为首要公众、次要公众和边缘公众，就一个组织来说，它的首要公众、次要公众和边缘公众处在一个闭环系统中，它们在不同的时期可以互相转换。这种发展变化主要由组织的目标决定，同时也取决于形势发展的需要。如何处理好这三种公众之间的辩证关系，是处理公共关系的一种艺术。根据公众对组织的态度分类，可分为顺意公众、逆意公众和独立公众。

### 3. 公共关系的中介——传播

传播是公共关系的连接手段。公共关系的主体和客体——社会组织和公众，是通过传播的手段相互连接、相互沟通的，所以传播也是公共关系的构成要素。公共关系的三个要素各有自己的位置，缺一不可。

传播是一种手段，当组织明确了公共关系目标，确定了目标公众，并有了公共关系活动的设想之后，便要考虑如何运用媒介把目标和设想变成行动。媒介即传播，是连接社会组织和公众的桥梁，是完成沟通的工具，也是实现公共关系目标的唯一手段。

（1）传播的基本含义。传播广义上指人类社会、生物界乃至整个自然界的一切信息传播现象。但狭义的传播指一种社会现象，是人类在发展过程中所特有的。公共关系的主体与客体之间正是通过这种双向信息交流来建立起相互信任、相互理解关系的。离开传播这一中介，双方就缺少相互沟通的桥梁，也就不可能有公共关系的建立与发展。

传播作为信息交流活动，有其内在的结构，它是由信源、信宿、信息符号、信息通道等要素有机组成的动态过程。

（2）传播的活动过程。传播活动就是信息发送者将需要交流的内容转换成各种信息符号，并利用一定的信息通道传送给信息接收者，再由信息接收者解读信息符号并了解其中含义的过程。

公共关系的传播过程是一种双向循环式活动过程，它与数学模式的传播过程（直线性的单向过程）的根本区别在于：第一，引进了反馈机制，将反馈过程与传、受双向的互动过程联系起来，把传播理解成一种互动的、循环往复的过程；第二，在这一循环过程中，反馈对传播过程起到自我调节和控制的作用，从而使整个传播过程基本上处于良性循环的可控状态。

（3）公共关系传播模式。公共关系传播模式是根据传播过程的反馈模式而设计的，包含拉斯韦尔"5W"模式的基本要素，即：谁、说什么、通过什么渠道、对谁、取得什么效果。

公共关系传播的主体是组织，组织通过传播渠道，借助传播媒介，将公共关系信息传播给公众，公众在接收了组织传来的信息后，对组织所做的反馈便是公共关系传播取得的结果，这就是信息的循环传播过程。整个公共关系的传播过程也是双方不断适应、彼此影响、相互了解与理解的过程。

（4）公共关系传播媒介及传播活动的作用。公共关系传播可以分为自发传播与自觉传播两种。

有意识地开展各种双向传播活动对于主体的公共关系有重要作用。首先，它可以使公共关系主体准确地把握自身与现实环境之间关系的真实状况。其次，它可以使公共关系主体增强选择能力，扩大选择范围，从而提高决策的可行性。最后，它可以使公共关系主体的预定目标易于实现。因此，离开了有意识的信息传播，很难想象主体与客体之间还会存在何种公共关系。传播是主体和客体相互作用、相互联系的必要中介。

## 二、公共关系和其他实践活动的联系与区别

公共关系具有塑造组织形象的管理职能。它作为一项涉及面广、综合性强的工作，经常涉及一些外围的、相关的活动范畴，这些实践活动与公共关系有联系，但也有区别。这些实践活动往往易被误认为就是公共关系，从而造成认识和实践中的混乱。为了准确把握公共关系，还需要进一步将公共关系与其他相关实践活动加以比较与区别。

### （一）公共关系与宣传

宣传是社会组织有意识地把某种观念、意见、态度和情绪，以及风俗、信仰等传播于社会的行为，是一种有意控制社会心理的活动。公共关系与宣传的联系主要表现在：两者本质上都是一种传播过程，并具有一些共同的活动特点。

两者的工作内容有时也是相同的，如每个组织都有团结内部成员，增强群体凝聚力、向心力、荣誉感等方面的任务，这既是组织内部宣传工作的内容，也是组织内部公共关系工作的目标。

但公共关系与宣传是有区别的，其区别主要在于工作性质和工作方式的不同。

### （二）公共关系与广告

广告是向广大公众传递信息的手段和行为。一般情况下，人们提到的广告大多是指商业广告——广告主为了扩大销量、获取盈利，以付费的方式利用各种传播手段向目标市场的广大公众传播商品或服务的经济活动。公共关系需要运用广告这种重要的传播形式。但广告不等于公共关系，它们之间既有联系又有区别。其联系主要在于两者都具有依靠传播媒介传播信息的特征。其主要区别如下：

1. 传播目标不同

公共关系的目标是赢得公众的信赖、好感、合作与支持，树立良好的整体形象；广告的目标是激发人们的购买欲望，使他们对产品或服务产生好感。

2. 传播原则不同

广告的信息传播原则是引人注目，公共关系传播的首要原则是真实可信。如果公共关系中信息传播的真实性受到怀疑，公共关系工作就很难取得预期的效果，甚至会一败涂地。

3. 传播方式不同

广告为了引人注目，可以采用各种传播方式以激起人们的兴趣，激发人们的购买欲望。但公共关系的传播方式最重要的是靠事实说话，其信息传播手段主要是新闻传播的手段。公共关系传播方式的特点是靠信息的真实性、客观性及其内在的新闻价值说话，重点在于善于选择适当的时机，采用适当的形式，通过适当的媒介，把适当的信息及时、准确地传递给目标对象公众。

4. 传播周期不同

通常来说，广告的传播周期是短暂的，并具有比较明显的季节性、阶段性。而公共关

系的传播周期则是长期的，其任务主要是树立整个组织的信誉和形象，这个任务甚至是永久性的，只是不同时期的具体内容和重点有所不同而已。

5. 所处地位不同

一般来说，广告在经营管理的全局中所处的地位是局部性的，其成败好坏对全局没有决定性影响。但公共关系工作在经营管理中处于全局性的地位，贯穿于经营管理的全过程。公共关系工作的好坏决定着整个组织的信誉、形象。

6. 效果不同

一般来说，广告的效果是直接的、可测的，其经济利益是显而易见的，但其效果是局部性的、战术性的；而公共关系的效果则是全局性的、战略性的。

广告并不等于公共关系。但是，公共关系工作可以采用广告的方式进行宣传，这就是公共关系广告。公共关系广告仍属于公共关系的范畴，不是商业广告。

（三）公共关系与市场营销

市场营销是指企业在市场上的经营活动的总称，它包括市场调查、新产品开发、制定价格、选择销售渠道、选择促销手段以及开展售后服务等一系列活动。公共关系与市场营销的关系是紧密的，但它们之间的区别也是明显的。

1. 公共关系与市场营销的联系

公共关系工作在企业中，几乎与市场营销融合在一起。因此，公共关系可以涉及市场营销的各个方面。它们的联系主要体现在以下几个方面。

（1）共同的产生条件——商品生产的高度发展。市场营销的产生是由于商品生产高度发展使企业外部环境发生了很大变化：一方面，买方市场形成，消费者对产品的需求变化很大，条件也越来越苛刻；另一方面，同行竞争日益激烈，企业不得不重视市场，重视营销，重视企业外部公众（顾客）等。公共关系的产生是由于商品经济高度发展，组织为了赢得良好的社会舆论，就必须与各方面建立良好的关系，即开展公共关系活动。

（2）共同的指导思想——用户第一，社会效益第一。新的市场营销观念要求企业把顾客的利益放在第一位，把社会效益放在第一位。这种指导思想也是公共关系的指导思想，与公共关系的基本原则和要求是相吻合的。

（3）相似的传播媒介——大众传播媒介。在公共关系与市场营销的业务活动中，要与对象公众进行沟通，都必须借助大众传播媒介。一个组织无论是扩大影响还是扩大产品销路，都离不开大众传播媒介。

（4）市场营销把公共关系作为自己的组成部分。市场营销在运用非价格竞争的促销策略时，可以把公共关系作为促销手段之一，并吸收、运用公共关系的各种手段来达到销售目标。

2. 公共关系与市场营销的区别

公共关系与市场营销的区别主要在于范围不同、目的不同、手段不同。

（四）公共关系与庸俗关系

庸俗关系是指日常生活或经济交往中，利用金钱或职权"拉关系""走后门""套私情"，为个人谋取好处等不正当的人际交往活动。从表面上看，庸俗关系与公共关系的协调沟通是一致的，都是为了解决问题或获取利益。但公共关系与庸俗关系有着本质上的区别：

(1) 两者产生的基础不同；

(2) 两者的活动方式不同；

(3) 两者所要达到的目标不同；

(4) 两者产生的效果不同。

## 任务实训

开展关于公共关系基本概念的讨论

## 实训目的

引领学生认识公共关系的基本概念

## 实训安排

1. 学生收集并讲解一些现实案例中运用到的公共关系的基本要素与作用

2. 分析公共关系在现实生活中的作用

3. 将公共关系与其他实践活动加以区分

4. 将分析讨论的结果做成PPT，分小组演示、分享

## 教师注意事项

1. 由一些生活事例、组织经营事例导入对公共关系基本概念的介绍

2. 提供一些简单的概念案例，供学生讨论

3. 分小组点评，并将学生的表现计入平时成绩

## 任务一小结

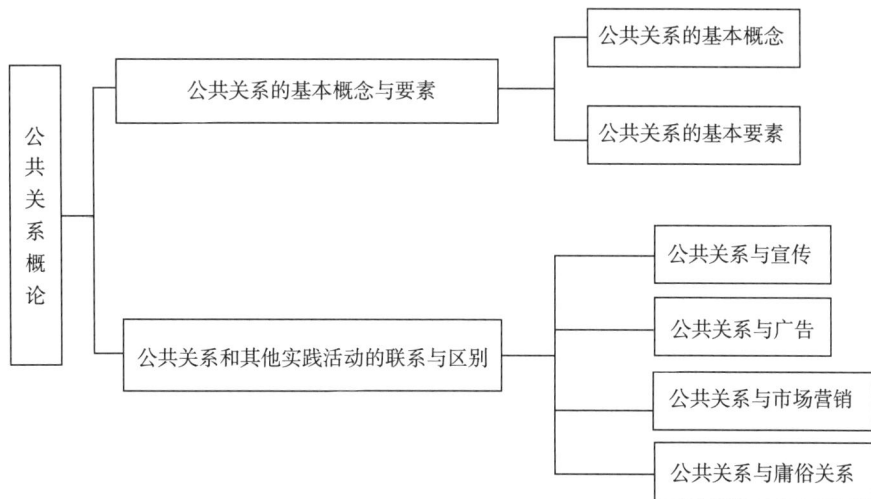

## 知识技能检测

### 一、课堂讨论

(1) 公共关系就是"拉关系、走后门"吗？

(2) 公共关系与广告有何区别？

(3) 公共关系与市场营销有何关系？

### 二、课后自测

**1. 选择题**

(1) 公共关系自成为一门学科以来，其定义就有成百上千种。其中，科学分析公共关系的含义包括(　　)。

A. 管理说　　　　　　B. 传播说　　　　　　C. 关系说　　　　　　D. 咨询说

E. 形象说　　　　　　F 现象描述说

(2) 公共关系构成要素包括(　　)。

A. 社会组织　　　　　B. 公众　　　　　　　C. 传播　　　　　　　D. 领导

**2. 判断题**

(1) 公共关系主要是营利部门与公众的关系。　　　　　　　　　　　　(　　)

(2) 公众就是指社会上所有的人。　　　　　　　　　　　　　　　　　(　　)

(3) 传播是公共关系的主要手段，也是主体与客体之间的桥梁。　　　　(　　)

**3. 简答题**

(1) 公共关系与广告的区别有哪些？

(2) 公共关系的特征有哪些？

**4. 案例分析题**

众所周知，现代消费者追求精神需求，他们喜欢听故事。通过拍摄精致的短片，品牌方可以立体化地为用户讲述故事，沉浸式地为观众传递思想。

"思念"食品的广告短片通过三位白领午休时的闲聊，道出了端午节时与家人相处的趣事：爱囤食物的奶奶总想把好吃的留给孙子吃，奶奶的粽子是家的味道；爱收拾的妈妈用手工香囊为孩子保驾护航，妈妈的香囊是家的味道；爱女心切的爸爸总给女儿寄吃不完的食物，爸爸的咸鸭蛋是家的味道。

"思念"食品的广告短片通过戏剧化的演绎，成功地与观众进行了关于家的味道的沟通，奶奶、妈妈、爸爸等多个角色诠释了爱意方式虽不同，但"思念"相同，让观众感受到家的味道，让端午节的文化氛围更加浓郁。

**阅读以上材料，回答问题：**

**"思念"品牌的广告短片属于公共关系吗？为什么？**

## 实践活动

开展了解公共关系的基本概念与要素的活动

## 活动目的

使学生进一步理解公共关系的基本概念与要素

## 活动安排

1. 教师搜寻各种基本的公关案例，供学生分析讨论
2. 学生分组讨论
3. 将讨论结果做成PPT，分小组演示、分享

## 教师注意事项

1. 讲解工作要点
2. 检查学生分组是否合理
3. 分小组点评，并将学生的表现计入平时成绩

## 思政案例

当前，各大品牌方不断为自身产品增加故事、提升品牌形象、拓展产品销售渠道的状况屡见不鲜。许多品牌方不断地在加法中逐渐让自身变得丰富饱满，逐渐变成一个综合体，但有时也会反而变得杂乱无章，看不到品牌的卖点。

华为浏览器结合自身卖点推出的短片《遇见世界，便捷一点》，用减法为自身减负，为用户消费体验减负，最终让用户清晰地感知产品的功能优势，体验品牌带来的便捷生活。

**思考：华为此次公关策略的成功之处在哪里？**

## 自我学习总结

1. 主要知识
2. 主要技能
3. 主要原理
4. 相关知识与技能
5. 成果检验

# 任务二　公共关系的历史

从人类社会的发展历史观察，公共关系学作为一门独立的学科出现在 20 世纪初，距今已有 100 多年的时间。研究公共关系的历史及其发展现状，可以使我们了解公共关系产生的背景和条件，透视公共关系在社会发展中的地位和作用，明晰公共关系在不同历史时期的特征与目的，使公共关系的社会价值得到充分的挖掘和更好的运用。

## 一、公共关系的起源

现代公共关系作为一种职业和学科，最早出现在美国。

公共关系和其他学科一样，都是先有社会实践，后有理论，理论又反过来指导实践。现代公共关系出现以前，在人类社会生活中就已具有与公共关系观念相似的思想和带有公共关系色彩的活动，但那时的公共关系只是一种"原始状态"的客观存在，还不是现代意义上的公共关系。它主要表现为朴素的、自发的公共关系思想与活动。

## 二、公共关系萌芽阶段

现代公共关系起源于美国，这已为国内外公共关系学者所公认。但它究竟是什么时候、在什么情况下产生的呢？

17 世纪 20 年代，"地理大发现"后不久，西方殖民者开始向美洲移民，最早到达美国这片土地上的是一批在英国受迫害的清教徒，之后欧、非、亚三大洲的不少民族也不断有移民迁居到这里。客观地说，这批历尽千辛万苦的移民绝大多数具有较强的平等意识，他们渴望在新的天地里建立新的家园，安排新的生活。但由于民族不同、语言不同、风俗习惯不同，彼此间又很自然地产生了一种群体观念和竞争意识。

相对于当时其他资本主义国家来说，美国政治体制的民主色彩更浓一些。美国是资本主义国家中的后起之秀，可以较好地吸收其他国家的政治经验。经历了独立战争、南北战争，美国逐渐形成了相对民主的三权分立的政治体制；至 20 世纪初，这种政治体制已在美国得到了比较稳固的确立。美国社会内部很自然地孕育了现代公共关系的胚胎。

从 19 世纪初到南北战争结束，美国以空前的速度成长、发展和扩张。在领土范围扩张的同时，美国在工业、财政及技术方面的发展也是突飞猛进。美国的民主政体也在逐步建立和健全，与经济发展相适应，其特点之一是倡导自由、重视舆论，于是舆论在美国的日常政治生活中变得举足轻重，成为对统治者的有效牵制。

以上情况说明，美国最早的公共关系活动完全是出于政治上的需要，是在一些重大的政治运动中表现出来的。对于工商企业而言，现代公共关系的萌芽出现在 19 世纪 30 年代，以美国的"报刊宣传运动"为标志。

在"报刊宣传运动"时代，每个报刊宣传员在争取公众的关注时，都会不择手段地制造"神话"，甚至不惜愚弄公众。他们只顾为企业赚钱，完全不顾公众的利益。所以，"报刊宣传运动"还不是真正意义上的公共关系，因为它并没有认识到公众的作用，以公众的利益为出发点。从思想实质来看，这一时期实际上是一个反公众、反公关的时期。不过，当时巴纳姆等人运用报刊等大众传播媒介为组织进行宣传，已经具备了现代公共关系活动的雏形。

### 三、公共关系职业化阶段

现代意义上的公共关系产生于19世纪末20世纪初的美国。它首先在政治竞选活动中出现，然后在企业内部走向成熟。

20世纪初，随着社会生产力的发展，资本家对工人的剥削更加残酷、贪婪。在企业内部，劳资矛盾日益尖锐。1903年，美国新闻界掀起一场揭露资本家丑行的运动，在社会上形成了强大的舆论攻势。据统计，在1903—1912年间，揭露资本家丑行的文章就有2000多篇，使众多企业处于十分窘迫的境地。这就迫使这些企业采用各种手段来缓和其与公众之间的紧张关系，以摆脱所面临的困境。这样，公共关系活动就开始出现于工商企业中。

但是，具有公共关系性质的活动不等于公共关系职业，公共关系作为一种职业，是从美国公共关系的先驱艾维·李开始的。

1906年，美国无烟煤矿业发生了工人大罢工，劳资双方尖锐对立。艾维·李临危受命，负责为煤矿主处理这次严重的危机。他提出了两个先决条件：一是必须有权参加行业最高决策者的相关会议；二是在必要时有权向社会公开全部事实。在这两个条件的基础上，艾维·李公布了一个《原则宣言》，提出了处理企业与公众关系的"公开管理原则"。这一原则的提出，彻底改变了过去企业宣传愚弄公众、欺骗新闻界的做法，为日后公共关系的进一步发展奠定了良好的基础。一些专家认为，《原则宣言》的提出标志着公共关系进入了一个新的发展阶段，是现代公共关系真正的开端。

艾维·李认为，一个组织要获得良好的声誉，不是依靠向公众封锁信息或者以欺骗来愚弄公众，而是必须把真实情况披露于世，把与公众利益相关的所有情况都告诉公众，以此争取公众对组织的信任。一旦披露实情确实对组织不利，那就应该调整组织的行为，而不是极力掩盖真实情况。因此，组织要想建立良好的公共关系，创造良好的生存发展环境，其最根本的办法就是"说真话"。艾维·李的信条是："公众必须被告知。"

### 四、公共关系科学化阶段

伴随公共关系职业的兴起和实践活动的增多，公共关系开始在理论上有所建树。

20世纪50年代，公共关系取得了突飞猛进的发展，其中最有代表性的人物包括斯科特·卡特李普、弗兰克·杰夫金斯等公共关系大师。

斯科特·卡特李普说："本世纪初（指 20 世纪初——引者注），公共关系经常被用来保护大企业的利益，抵御新闻部门的攻击与政府的管理。虽然这一时期公共关系有许多积极作用，但它的重点是介绍自己的情况，制定对应的策略，影响公众舆论，避免公共政策变化给企业经营活动带来不利影响。"在美国卷入第一次世界大战期间，公共关系的概念被说成是一种控制社会舆论和社会局势的单向劝说性传播。为适应战争需要而建立的"公众信息委员会"，由乔治·克里尔领导，负责通过全国范围内的宣传活动，引导公众舆论支持战争。在公共关系早期发展的岁月中，人们把公共关系看成是影响别人的一种宣传活动。第二次世界大战后的几十年中，公共关系从早期的概念发展到了包括双向交流、相互作用和组织行为的概念，有关公共关系的定义中增加了"相互作用""双方""两者之间"这样的字眼。这表明，对公共关系的认识已从单向影响发展到相互作用。

上述关于公共关系的定义认为，公共关系是以相互理解为手段，在组织与公众之间实现信息传递与反馈。一次公共关系活动之后，组织和公众的行为或多或少都发生了变化，组织和公众同时获利。这是现代公共关系的理论基石和行为准则，在世界范围内满足了几代公共关系人员的需要，在理论上和实践上把公共关系推向了一个全新的历史发展阶段。

弗兰克·杰夫金斯是现代公共关系著名的代表人物之一，是英国公共关系专家，是一位出色的公共关系教育家。他还是一位多产的公共关系作家，有多部著作，其中《公共关系学》《公共关系·广告·市场》《公共关系与成功的企业管理》等已被译成中文，对我国的公共关系理论和教育的发展起到了积极的推进作用。

## 五、公共关系产生的历史条件

现代公共关系产生于 20 世纪初期的美国并不是偶然的，它是当时美国乃至整个资本主义社会的基本矛盾以及经济、政治、科学技术和文化等社会历史条件发展到一定阶段的必然产物。为了全面、深刻地把握和理解现代公共关系的精髓，我们有必要联系社会历史条件进行具体分析。

（一）经济基础——商品经济的充分发展

商品经济的出现是现代公共关系产生与发展的经济基础。现代商品交换关系的发展，要求企业对外建立稳定的联系，要争取消费者的信任和支持，同时要在社会化大生产中，增进跨行业、跨地区的经济联系与协作，这就客观上为公共关系的产生和发展提供了社会经济基础。

（二）社会基础——民主政治制度的产生

社会政治生活的民主化及民主政治制度的产生是现代公共关系赖以产生和发展的社会政治条件。从封建社会进入资本主义社会是人类社会民主化进程的一个重要里程碑。

在专制独裁的封建社会中，统治者依靠高压政策、愚民政策实施封建专制和独裁统治，民众既不需要关心政治，也无法干预政治，公众舆论不可能对社会进程产生重要影响。在政治生活以"民怕官"为主要特征的社会里，公共关系是没有任何用处的。

在机器化大生产的工业社会中，政治生活的核心是民主政治。在民主政治条件下，民众的社会化程度逐渐提高，社会联系日益密切，共同意识不断增强，民主意识趋向强烈。民众参与的政治运动促进了资本主义工业社会民主政治的进一步发展。民主政治的重要标志是政治必须体现大多数人的意愿，满足大多数人的要求。这就需要有与此相对应的民主制度作为保证。

在这种民主政治的社会中，其政治生活的特征表现为"官怕民"。政府机关、社会公共组织与公众之间主要体现为服从关系，此外还有民主协商、民主对话、民主监督的关系。这在美国主要是通过代议制、纳税制和选举制等来实现的，为公共关系的兴起提供了政治民主的保障。

（三）技术基础——传播手段和通信技术的进步

传播手段和通信技术的进步是现代公共关系兴起的物质基础。20世纪初，科学技术在美国飞速发展，尤其是交通工具和传播手段的现代化为现代公共关系的产生和发展提供了有利的技术条件。

（四）文化基础——现代管理理论的发展

美国是个移民国家，国民思想中具有很强的平等意识与群体观念。移民来自不同的国家或地区，由于民族不同、语言不同、习俗不同，很自然地形成了强烈的群体观念。独立战争后，美国成为一个独立统一的国家，原先各个分割的殖民地在政治、经济和思想文化上出现了大融合。各个社会组织之间、组织与公众之间有计划、有目的的沟通与协调，为现代公共关系首先在美国兴起奠定了思想基础。

## 任务实训

开展关于公共关系历史发展的讨论

### 实训目的

引领学生学习公共关系的学科历史

### 实训安排

1. 学生收集并讲解一些公共关系职业历史发展变化的故事或案例
2. 分析其中公共关系职业化的内容
3. 将分析讨论的结果做成 PPT，分小组演示、分享

## 教师注意事项

1. 由生活事例、企业经营事例导入对公共关系职业化的介绍
2. 提供一些简单的公共关系职业案例，供学生讨论
3. 分小组点评，并将学生的表现计入平时成绩

## 任务二小结

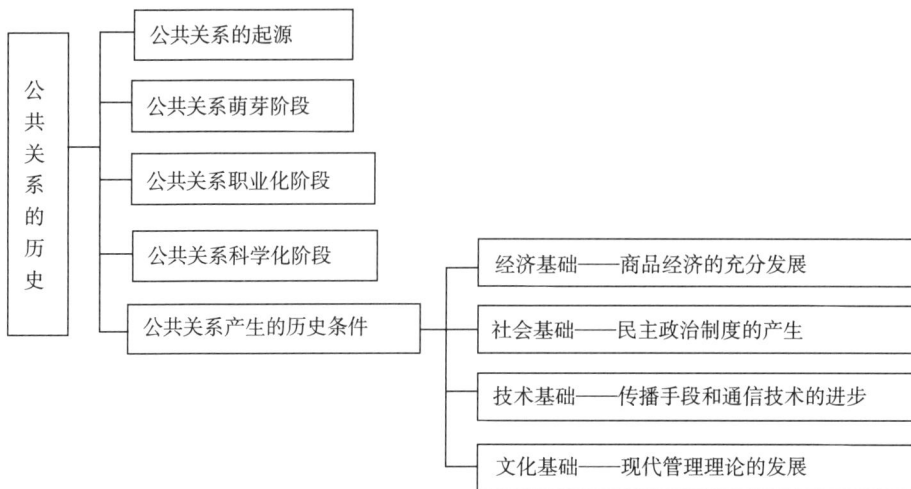

## 实践活动

加深对公共关系产生的历史条件的认识

## 活动目的

促使学生加深对公共关系产生的历史条件的认识

## 活动安排

1. 学生自行寻找公共关系产生及发展的案例与线索
2. 学生分组讨论公共关系产生的原因及条件
3. 将分组讨论的结果做成 PPT，分小组演示、分享

## 教师注意事项

1. 检查学生分组是否合理
2. 分小组点评，并将学生的表现计入平时成绩

### 知识技能检测

## 思政案例

新营销"内卷"时代，品牌圈地为营，为了与年轻人群拉近距离花样百出。

在"大国盛行"的趋势下，国货品牌奋发图强，但依然走不出营销普遍化的漩涡，最终淹没在营销浪潮之中。

此前，"美丽修行"美妆平台与《中国国家地理》杂志联合推出一部关于成分溯源的纪录片——《这就是中国成分》，成功为大众"种草"国货品牌。该记录片通过展现"欧诗漫"这一珍珠护肤品牌的故事，为大众呈现出国货品牌的匠心独运，从而成功圈粉年轻消费群体。

通过纪录片《这就是中国成分》，"欧诗漫"带领大众开启了一场珍珠探索之旅。让观众知道了"欧诗漫"不仅拥有39年的珍珠护肤历史，更具有55年的珍珠养殖经验。对产品原材料的深耕，帮助"欧诗漫"形成了巨大的品牌差异化优势，也让国货品牌的魅力得以体现。

以纪录片的形式，在真实的镜头下，更容易让用户感受到产品的价值。通过讲述珍珠培育的悠久历史和文化沉淀，巧妙地引出"欧诗漫"的珍珠培育历史，最后再让营销关联到相关产品介绍，关联到"欧诗漫"的明星产品——"小白灯"。

《这就是中国成分》以真实的内容题材，深挖珍珠这个具有深厚中国传统历史文化价值的产品成分，从而使产品文化内涵和品牌文化价值交织在一起，最终增强了品牌的价值主张，带动了"欧诗漫"新产品的研发。

"欧诗漫"把握女性对自信、机遇和幸福的精神需求，发现女性对于肌肤美白提亮的消费需求，以此设计研发的"小白灯"具有温和、易点亮肌肤的属性，借助纪录片对珍珠发源地的考究，从而传递出产品理念。

**思考："欧诗漫"的此次营销体现了艾维·李的哪些观点？**

## 自我学习总结

1. 主要知识
2. 主要技能
3. 主要原理
4. 相关知识与技能
5. 成果检验

# 任务三　公共关系的职能与基本原则

公共关系的职能是指公共关系在社会组织运行过程中的工作范围和应承担的责任。组织的公共关系职能是多种多样的，其中主要的职能有信息管理、咨询建议、宣传推广、协调关系、提供服务、处理危机等。

## 一、信息管理

信息管理是公共关系的一个主要职能，它包括信息收集及信息沟通等多方面的内容。

公共关系活动的有效性在很大程度上取决于公共关系人员能否成功运用现代传播的理论和方法、媒介和手段，以沟通组织和公众的关系，从而提高组织的工作效率和知名度。

一般来说，公共关系工作中涉及的信息有：组织形象信息；组织产品形象信息；组织运行状态及其发展趋势信息；有关公众信息；其他社会信息等。

## 二、咨询建议

公共关系的管理职能主要体现在其对经营管理决策所发挥的参谋作用上。

咨询建议是指公共关系专业人员向组织领导者提供有关公众方面的可靠情况的说明和意见。按照英国公共关系专家弗兰克·杰夫金斯的说法，咨询建议是"专门性的创造性的服务"。

公共关系咨询已越来越多地为我国企业家所采用，如"芭蕾牌"珍珠霜成功打入香港市场就得益于公共关系咨询。

公共关系的咨询建议与信息沟通是密切相关的。

## 三、宣传推广

公共关系具有宣传推广的职能，即通过各种传播媒介，将组织的有关信息及时、准确、有效地传播出去，争取公众对组织的了解和理解，提高组织及其产品、人员的知名度和美誉度，为组织创造良好的社会环境，树立良好的组织形象。

## 四、协调关系

所谓协调，就是使组织内外不同部门的活动和谐化、同步化，达到组织与环境相适应，以便实现其共同的目标，取得最终的结果。组织只有不断协调其内外环境，才能发展壮大。

协调关系是公共关系工作中使用最多、作用最大、地位最重要的方法和手段，贯穿于公共关系工作的全过程。公共关系协调的涵盖面最宽、包容性最强。

协调关系旨在使组织与公众之间相互理解与支持，建立信任关系，处于一种和谐的状态，为组织创造一种"人和"的环境。

## 五、提供服务

社会组织向公众提供各种优质服务，以实际行动获得公众的理解和好评。建立组织良好形象的公共关系活动就是公共关系提供服务这一职能的体现。

## 六、处理危机

组织危机是指组织与公众发生冲突，或出现冲突事件，使公众舆论反应激烈，组织形象受到严重损害而陷入困境的状况。危机处理包括常见的公共关系纠纷处理和恶性突发事件处理。无论是一般纠纷还是恶性突发事件，都会影响组织的形象和信誉甚至危及组织的生存。因此，处理好危机事件是公共关系一项很重要的职能。

## 七、公共关系的基本原则

公共关系的基本原则是指社会组织在开展公共关系活动中必须遵守的准则。实践证明，遵循这些基本原则有利于发挥公共关系的作用，使公共关系活动既具有积极的社会价值，又有利于组织自身的发展；使公共关系实践既有广泛的社会需要，又有科学的理论依据。

（一）从"我"做起

公共关系的对象是公众，不过良好的公共关系的基础却在组织自身。

一般来说，内部公共关系是基础和前提，它决定并影响着外部公共关系活动开展的质量和效果，但在特定条件下，外部公共关系的发展又会反过来影响内部公共关系活动的开展。因此，从一定意义上说，社会组织的内部公共关系与外部公共关系是辩证统一的关系。

只有加强内部凝聚力，使内部的每一个员工都自觉团结在组织奋斗目标的旗帜下，才能充分调动他们的工作积极性，发挥他们的个人创造精神，从而不断增强组织在社会中的整体竞争力。为此需要做到：尊重内部员工的个人价值，增加组织内部上下级之间的情感交流；尊重内部员工的参与权，强化组织内部决策程序的民主性和科学性；尊重内部员工的主人翁地位，提倡组织内部个人的创新精神，创造性地建立畅通的沟通渠道和激励机制。

从"我"做起，要长期坚持，作长远之谋，而不应作为一时之计，这是非常重要的原则。

（二）双向沟通

双向沟通既是公共关系的核心内容，又是公共关系的基本原则之一。

在日常生活和经济活动中，许多组织的活动是单向信息传播，即只将组织本身的意愿、要求传达给目标公众，而很少了解或听取他们的意见、愿望及要求，往往只是根据自己的经验和感觉做事，这样的活动很难产生好的效果。要实现良好的公共关系，必须在公共关系活动中坚持信息沟通的双向性原则。双向沟通正是公共关系与宣传的根本区别。

### （三）透明公开

封闭是公共关系的大敌之一。封锁消息必然引起公众猜疑，猜疑即会产生不信任，而缺乏信任自然不会有良好的公共关系。

对政府机构而言，公开其决策程序是获取公众信任的前提条件，是各项政策得以实施的基础。如果故意封锁消息，政府行为便在公众中产生了神秘感。由于缺乏公开的信息渠道，小道消息便会不胫而走，从而可能扭曲政府行为，加剧公众对政府的猜疑或不信任。

在某些情况下，保密是必要的。可是，如果不该保密的也保密，就会给人留下不良印象，从而破坏公共关系。

### （四）诚实无欺

良好的公共关系是建立在组织与公众相互信任的基础上的，而信任的前提是双方以诚相待，实事求是。

公共关系要贯彻"诚实无欺"的原则，就要求公共关系人员如实地向公众传达组织的信息。这是检验公共关系人员是否具有一定的职业水平以及是否具有职业道德的一把尺子。

### （五）互惠互利

公共关系强调公众利益的观念，落实到具体的公共关系工作中就是要坚持互惠互利的工作原则。

坚持互惠互利原则，就要求组织的决策、计划，乃至所有经营管理行为以及提供的所有产品和服务等，都要以公众的需求、公众的利益为出发点，都要以社会整体利益的尺度来衡量。

坚持互惠互利原则，要求组织在做任何决策时，都要有很强的社会责任感，要考虑到对他人、对社会环境，以及对后代可能造成的影响。

坚持互惠互利原则，要求组织具有政治家的眼光，能看到社会的整体发展和良好的社会环境对组织发展的重要性。

总之，作为一个社会组织，不仅仅要重视本组织的利益，更要重视社会的利益、公众的利益。一个组织只有把本组织的利益与社会的利益、公众的利益结合起来，才能长期立于不败之地。相反，如果只追求自身的利益，忽视社会的利益与公众的利益，给社会与公众造成危害，长此以往这个组织必定无法生存下去。

### （六）不断创新

要做好公共关系工作，必须了解并迎合公众心理，引起公众的兴趣和重视。满足公众心理的一个重要工作原则就是创新。

任何事物，人们初次接触，总感到新奇有趣，但时间一长，便索然无味了。因此，组织特别是企业必须不断创新。企业只有不断生产出新式样（新款式）、新色调的产品，提供新的服务项目，增添新的活动内容，提出新的工作规划、新的业务程序，才能保持对公众的更多的吸引力。

## 任务实训

开展关于公共关系职能的讨论

## 实训目的

引领学生认识公共关系职能

## 实训安排

1. 学生收集并讲解一些公共关系职能发展变化的故事或案例
2. 分析其中公共关系职业工作的内容
3. 将分析讨论的结果做成PPT，分小组演示、分享

## 教师注意事项

1. 由生活事例、企业经营事例导入对公共关系职能的介绍
2. 提供一些简单的公共关系职业案例，供学生讨论
3. 分小组点评，并将学生的表现计入平时成绩

## 任务三小结

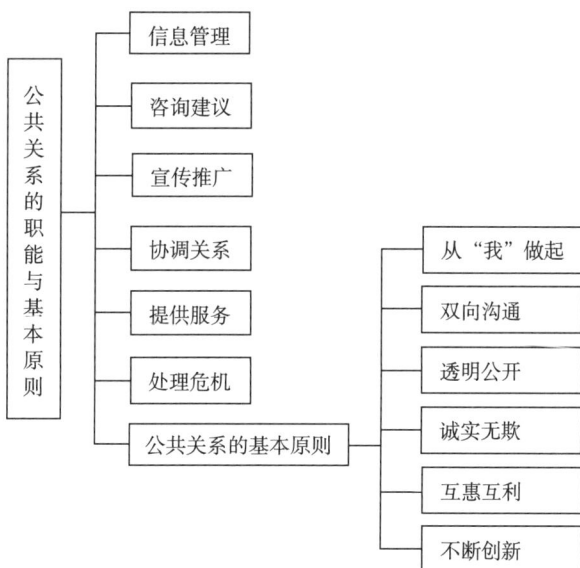

# 知识技能检测

## 一、课堂讨论

（1）公共关系活动就是宣传吗？

（2）讨论公共关系的各种职能的作用。

## 二、课后自测

### 1. 选择题

（1）（　　）是公共关系的核心内容，又是公共关系的基本原则之一。

A. 信息管理　　　　　B. 咨询建议　　　　　C. 宣传推广　　　　　D. 双向沟通

（2）公共关系工作中涉及的信息类型有（　　）。

A. 组织形象信息　　　　　　　　　　B. 组织产品形象信息

C. 组织运行状态及其发展趋势信息　　D. 有关公众信息

（3）（　　）是公共关系中使用最多、作用最大、地位最重的方法和手段。

A. 咨询建议　　　　　B. 宣传推广　　　　　C. 协调关系　　　　　D. 提供服务

（4）公共关系强调公众利益的观念，落实到具体的公共关系工作中就是要坚持（　　）的工作原则。

A. 透明公开　　　　　B. 互惠互利　　　　　C. 双向沟通　　　　　D. 诚实无欺

### 2. 判断题

（1）协调关系的目的是为组织创造一种"人和"的环境。　　　　　　　　　（　　）

（2）一般来说，社会组织的内部公共关系与外部公共关系是辩证统一的。　（　　）

（3）企业或者政府的所有信息都要公之于众。　　　　　　　　　　　　　（　　）

### 3. 简答题

（1）公共关系的基本原则有哪些？

（2）公共关系的职能包括哪些？

### 4. 案例分析题

**案例 1**　宜家以其易于使用的家居配件和电器而闻名于世。这家家居装饰巨头认识到，2021 年伊始，因为新型冠状病毒感染疫情，造成了全球范围内的封锁措施的实施，这是鼓励人们享受待在家里的机会。

为此，在 Stay Home 活动中，宜家向全球各地的家庭致敬。在该活动中，我们被提醒对于那些正在经历怀旧、舒适和团聚的人来说，没有比家更适合的地方了。尽管宜家是一个能够为我们提供家具和家居用品的品牌，这些家具和家居用品可以快速且经济地改善任何空间，但这并不是该品牌在此次特定活动中传达的直接信息。这一次，宜家不再专注于宣传自己，而是更多地关注与消费者的团结，表现出同理心和理解力。

这场公关活动表达了对世界各地家庭的赞赏，鼓励人们适应和拥抱新的现实。该活动视频不仅观看起来很有趣，而且还以非常积极的方式描绘了宜家，清楚地表明了宜家关心客户的福祉。

**阅读以上材料，回答问题：**

你认为宜家此次公关的效果如何？为什么？

**案例2** 党的二十大报告提出，"努力让人民群众在每一个司法案件中感受到公平正义"。"一个案例胜过一打文件"，办好每一个案件，既是基层检察院的生命力所在，也是落实司法为民理念的具体体现。在美丽的滨海金山，有一群独特的法治工匠，他们以"求极致"的精神，把每一起关乎民生民利的案件都办成"活的法律"。

"再小的案件对当事人来说都是'天大的案件'。我们要求承办人办案时要做到'三问'，一问办案是否求极致了，二问群众是否满意了，三问三个'效果'（即法律效果、政治效果、社会效果）是否实现了。"金山区人民检察院党组成员、副检察长谭尘说道。

2020年12月，金山区一名助残员季某，因沉迷赌博欠下了巨额债务无力偿还，便将"黑手"伸向了其负责照顾的9名残疾人，先后骗取钱款共计18.8万元，让本就清贫的残疾人家庭雪上加霜。

为尽最大努力缓解被害人家庭生活困难，实现三个"效果"的有机统一，金山区人民检察院在依法严惩季某的同时，积极帮助被害人申请司法救助，召开公开听证会并听取意见建议，赶在春节前夕发放了救助款。

案结事了并非办案极致。金山区人民检察院进一步延伸检察职能的触角，一方面主动与区帮扶办、区民政局等部门沟通协调，推动建立国家司法救助与农村综合帮扶衔接机制，将9名被害人纳为辖区专门备案的经济帮助对象，并帮助其申领困难经济补助款。另一方面，联合区残联督促加强对农村助残员的管理教育，帮助堵漏建制。该案后入选最高检的检察听证典型案例。

扶持、救助社会弱势群体，是中国特色社会主义司法制度的内在要求，也是改善民生、健全社会保障体系的重要组成部分。金山区人民检察院在依法打击侵害残疾人权益违法犯罪的同时，通过司法救助与社会救助相结合的多元化救助、制发检察建议开展诉源治理、召开检察听证会等方式，以高质量的检察履职实现对特殊群体合法权益的有效维护，切实做到"止于至善"，铺陈了"人民至上"的底色。

**请阅读以上材料，回答问题：**

金山区人民检察院在该案例中运用了那些公关原则？体现了哪些公关职能？

## 👥 实践活动

了解企业公共关系活动

## 🏳 活动目的

促使学生理解现实中的企业公共关系活动

## 🏳 活动安排

1. 教师与校外基地接洽，带领学生进入企业

2. 学生自行分组，分赴公共关系管理岗位，实地了解公共关系工作

3. 将实践结果做成 PPT，分小组演示、分享

## 教师注意事项

1. 讲解工作要点

2. 检查学生分组是否合理

3. 分小组点评，并将学生的表现计入平时成绩

## 思政案例

在 2020 年新型冠状病毒感染疫情的影响下，不少侧重线下消费服务的商家无法正常营业，特别是一些大型连锁餐饮店，资金一般高流转、低储存，这时就面临着员工不能正常上岗、资金紧张、可能发不出工资的窘境。2020 年 2 月 1 日，投中网发布的一篇专访文章《西贝贾国龙：疫情致 2 万多员工待业　贷款发工资也只能撑 3 月》，反映了这个行业当时的窘境。

另一方面，同样因为新型冠状病毒感染疫情的影响，社区电商大兴，需要大量人力来配送生鲜蔬果到居家隔离人们的家门口，该行业面临"用工荒"。2020 年 2 月 3 日，阿里巴巴旗下的盒马宣布联合北京多家餐饮企业，合作解决现阶段餐饮行业待岗人员的收入问题，缓解餐饮企业成本压力和应对商超生活消费行业人力不足的挑战。该举措施行后，陆续有餐饮、酒店、影院、百货商场、出租、汽车租赁等 32 家企业加入进来，1800 余人加入盒马，正式上岗。

该"共享"举措为盒马赢得了各界赞誉，浙江省总工会肯定了盒马、京东、苏宁等平台型企业与受疫情影响暂无法开业的餐饮企业达成的临时合作。该举措通过"借用"员工，大大缓解了疫情期间的人力供需矛盾。《广州日报》评论疫情期间"共享员工"的广泛尝试，表明了这种用工模式能够有效缓解"潮汐式"用工这一"老大难"问题。

思考：(1)"共享员工"举措为当地就业带来了怎样的影响？

　　　(2) 从公共关系的角度来看，怎样理解该举措的作用？

## 自我学习总结

1. 主要知识

2. 主要技能

3. 主要原理

4. 相关知识与技能

5. 成果检验

# 任务四　常见的几种对象型公共关系

组织所面对的公众是一个大的群体，包括许多具体的类型。公共关系活动不一定针对整体公众，可能针对某一种或几种类型的公众，或针对某一种类型的某一部分公众而展开。一般来说，有多少类公众就有多少类公共关系对象，但由于各类公共关系对象间往往有较多相似之处，故可从大处着眼，把公共关系对象划分为几个主要大类。这里主要介绍公共关系工作中常见的几种对象型公共关系。针对不同的公共关系对象，公共关系的策略和技巧也应有所区别，只有这样才能取得理想的公共关系效果。

## 一、雇员关系

### (一) 员工是企业的财富

雇员是指组织中的员工。雇员关系是指组织在管理过程中形成的人事关系，其中包括组织机构中上下级之间的关系，各个职能部门、科室、班组之间的关系，以及内部员工之间的关系。

员工是组织的主体，是组织赖以生存和发展的细胞，他们的思想和情绪无时无刻不在影响着组织机制的运行。组织的存在价值和发展目标、组织向社会提供的优质产品和服务都要通过员工的身体力行去实现。

### (二) 处理雇员关系的艺术

组织在处理雇员关系时，需注意以下几点：

1. 加强双向沟通，实现信息共享

信息沟通是指信息在人们之间、组织之间，通过语言、文字、图形以及感情、态度等形式传递。人际关系的紧张往往源于误会，而大多数误会又是由于人们彼此之间缺乏有效的沟通。实行信息共享，既是为了形成良好的人际关系，也是为了求得员工在认识上和行为上与组织的根本目标保持一致。

组织内部的信息沟通是多流向的，既有纵向信息传递、横向信息传递，又有立体交叉式信息传递。

纵向信息传递是指组织内部上下级之间的双向信息交流，即通常所说的"上情下达""下情上达"。纵向信息交流可以使组织的意图和员工的要求达到和谐的统一，从而形成上下一心、同心协力的局面。

横向信息传递是指组织内部各部门、各层级之间的平行信息交流。横向信息交流，可以沟通各部门之间的信息，拓宽管理人员的视野，支持彼此的工作。员工之间的交流，可以增进友情、团结合作；管理人员之间的交流，可以协调职能、互相支持；组织核心领导成员之间的交流，可以彼此体谅、贯彻政策。

立体交叉式信息传递是指组织内部人员，不分上级和下属，都以群体一分子的平等身份进行交往。这是一种开放式的交往，它可以打破部门的界限、职务的隔阂，在组织中从上到下创造一种相互理解、相互信任的和谐气氛，使组织充满活力、富有朝气，从而达到"人和"的境界。

2. 建设企业文化，增强组织内聚力

企业文化是指一个企业及其员工所具有的一整套价值观念体系。它包括相互联系、相互依存的两个方面，就"软"的一面来看，是指员工的思想意识、精神风貌和价值观念；就"硬"的一面来看，是指决定企业价值观念的各种具体活动，如技术活动、福利活动和娱乐活动等。企业文化是一种无形的管理方式，它可以使人们改变原来只从个人角度建立的思想意识，树立一种以企业为中心的共同价值观念，从而在潜意识中对企业产生一种强烈的向心力，培养良好的集体意识。具有强烈集体意识的企业成员会对企业所承担的社会职责和企业目标有深刻的理解，从而自觉地约束个人的行为，使自己的言行与企业整体联系在一起。这样，企业的各项工作就能有机地联系起来，合力高效地运转。

因此，有人将企业的经济与文化作为同一共同体的两个侧面来分析，把企业文化看作相对于经济的另一只"看不见的手"。它能通过明确的经营宗旨、深层次的意识行为准则、公开的和悄悄的暗示，渗入人们的思想中，聚集人们的先进意识，取得人们的共识，指导人们的行为，在企业深层次的精神文化层面发挥凝聚人心的功能。

3. 掌握用人之道，加强组织的向心力

组织的员工是"社会人"，而不是"经济人"，他们生活在复杂的社会机体中，除了要满足经济方面的需求之外，还受到社会环境、社会组织及家庭的影响，追求友情和爱情，要求生活得充实、愉快，渴望实现自身的价值和受人尊重等。因此，卓越的中外企业都非常注重满足员工的精神需求。

聚力必聚心，聚心必先尊重人。因此，搞好雇员关系，必须从确立个体价值入手，使团体中的每个成员都能在团体的环境中充分展示自己的个性，追求和实现个人的价值。这样才能增强每一个成员的向心力，通过许许多多的个体活动去追求和实现组织的整体目标。

4. 创造家庭气氛，协调与非正式组织的关系

组织的成功与否固然有赖于管理水平的高低，同时也有赖于情感维系作用的强弱。

非正式组织是一些自由、松散的人际活动圈子，是以感情为纽带、以共同利益的追求为目的而自发聚合形成的组织。因此，相比自上而下正规的组织系统，其联系交往更亲密、更有效、更富于弹性。非正式团体在组织管理和公共关系工作中一方面具有积极作用，可以发挥沟通意见、稳定情绪、互帮互学的效应；另一方面也有不可忽视的负面作用，例如容易传播流言蜚语，削弱正式团体的控制力与影响力等。因此，要发挥非正式组织积极的作用，避免消极的影响，就要靠公共关系人员去引导、协调和疏通。

## 二、消费者关系

### （一）让顾客满意的经营意识

消费者关系即企业与本企业产品和服务的购买者、消费者之间的关系，泛指一切物质

产品和文化产品及服务的供应者、生产者，与购买者、消费者之间的广泛联系。在激烈的市场竞争中，越来越多的企业努力探寻有效的经营途径，忠诚地以服务顾客为准绳，确定以顾客为导向的经营哲学。因此，"让顾客满意活动"便在全球兴起，成为 20 世纪 90 年代公共关系的热点。

"顾客至上"的经营意识，其核心是让顾客满意。"顾客满意"集中表现在顾客重复购买的程度上。顾客就是上帝，顾客就是效益，谁拥有顾客，谁就拥有发展的机会。

（二）处理消费者关系的艺术

组织在处理消费者关系时，需注意以下几点：

1. 塑造为顾客服务的形象

良好的顾客关系是企业发展的原动力，能够为企业带来直接的利益。一个企业的存在价值很大程度上在于其产品或服务是否能够得到顾客的接受和欢迎。

2. 提供优质的配套服务

在现代人的消费心理中，产品本身的使用价值固然重要，但产品所体现的审美价值和附加价值将是左右人们购买行为的最终因素。顾客购买产品，实质上是在购买他从产品中期望得到的一系列利益和满足。企业征战全球的奥秘正是"优质的产品＋完善的服务"。

3. 对消费者实行科学管理

对消费者实行科学管理，即把广大松散的消费者组织起来，使他们改变盲目被动的消费习惯，形成积极、自觉、科学的消费意识，使他们成为企业产品的主要消费者。这种方式也被称作消费者系列化。

要建立企业与消费者之间的稳固关系，必须先筑塘蓄水，然后将千万条游进塘里的"鱼"蓄养起来。所谓蓄水，就是要坚持不懈、锲而不舍地投入，使企业与消费者之间的关系犹如"鱼水之情"。消费者系列化是一种长期的较高层次的公共关系活动。今后的市场竞争，实际上就是争取消费者的竞争，得人心者才能得到市场。

4. 与消费者保持通畅的信息交流

企业要建立与消费者之间的良好关系，就必须与消费者保持通畅的信息交流，以了解和掌握消费者的消费需求、消费心理和消费习惯，做好市场预测。

沟通信息的基本手段包括：进行舆论调查；利用信息反馈；把有关信息及时地报告给企业的有关部门，并协同其他部门，进行全方位的公共关系活动。

5. 及时妥善地处理顾客投诉

在现实中，顾客同企业发生冲突、纠纷和产生隔阂是常见的事情。企业在处理同顾客的纠纷时，首先要做到善于倾听消费者的意见，尽量让他们倾吐不满、宣泄郁闷，这样会起到"降温""灭火"的作用。

另外，不论顾客采用何种批评方式，都要以他们所提的意见为线索，对事实的真相进行调查，在查清事实的基础上，与顾客充分交流意见，求同存异，达成谅解。要努力使顾客满意纠纷处理和解决的结果。对顾客的承诺一定要及时实施。同时，还要将纠纷处理和解决的结果通过新闻媒介加以传播，这样就有可能把不利于企业的舆论引导到有利于企业的方向上去。

### 三、媒介关系

#### （一）媒介关系的重要性

媒介关系也称新闻界关系，是指组织与新闻传播机构以及新闻界人士等的关系。新闻媒介是组织与社会公众联系的最主要渠道，也是组织公共关系工作中最敏感、最重要的公众之一。

对于公共关系人员而言，新闻界公众是具有双重特征的特殊公众，它既是公共关系人员赖以实现公共关系目标的重要媒介，又是公共关系人员必须尽力争取的重要公众。新闻媒介有着不可忽视的特性，它传递信息迅速、影响力大、威信高，可以左右社会舆论，影响和引导民意，对社会的经济、政治局势的变化具有不容忽视的作用。

新闻媒介对于组织的发展具有举足轻重的作用。

首先，新闻媒介是塑造组织形象的"把关人"。新闻媒介充当着公众的卫士，它们常常利用手中的宣传工具，利用舆论的力量维护公众的利益；新闻媒介通过记者对组织的采访，收集相关新闻素材，特别是对企业的生产、经营活动和产品质量进行褒贬评价，从而影响组织形象等。

其次，新闻媒介是组织与外界沟通的中介。它可以为组织发布广告，介绍新产品或服务，传播新技术；为组织召开新闻发布会，扩大社会影响，从而提高组织知名度。

最后，新闻媒介对于组织具有反馈信息的功能。新闻媒介可以帮助和监督企业的经营，对企业内部的广大员工起着鼓舞士气和教育警戒的作用。任何组织都应该重视新闻媒介这种批评监督的作用，把舆论的反馈作为一种参照系数，来矫正、修改自己的言行。

#### （二）处理媒介关系的艺术

组织在处理媒介关系时，需注意以下几点：

**1. 尊重新闻界的职业特点**

新闻界人士也是组织的公众之一，组织与其他公众之间平等、相互尊重、相互促进等宗旨，也应在与媒介关系中表现出来。

**2. 加强与新闻界的联系与合作**

良好的媒介关系应是一种相互合作的关系。在实际工作中，公共关系人员和新闻记者总是互为中介的。组织的公共关系人员应该做好如下工作：

（1）熟悉和了解各种媒介和新闻体裁的特点；

（2）主动、及时地向新闻媒介提供组织的信息；

（3）建立与新闻界的友好关系。

**3. 真实传播组织信息**

新闻界的大忌就是新闻失真。组织在与新闻界的交往中，要特别注意真实地传递信息，做到实事求是，不隐恶，不溢美。新闻界则应客观地报道组织的信息，这才是真正的支持与合作。

### 四、社区关系

(一) 搞好社区关系的必要性

社区是一个社会学概念，指的是聚集在某一地域中的社会群体、社会组织所形成的一种生活上相互关联的社会实体。

社区是组织的根基所在，对组织的生存与发展起着重大作用，因而构成了组织外部公共关系工作中不容忽视的一个方面。

首先，在现代社会中，组织不是单纯的技术、经济实体，而是整个社会中的一部分。组织只有在技术、经营和公共关系三个方面保持平衡、协调，才能获得顺利发展。

其次，组织作为社区的一分子，需要遵守地方的法律法规，如所有的企业必须向其所在社区的政府税务部门上缴各类税金；组织每一项新政策的施行也必须得到地方政府的协助与支持。

再次，组织的员工主要来自周围的居民区，这种就地取"材"的方法不仅可以节约外地招工所带来的大量的吃、住、行投资成本，而且可以帮助吸纳本地区的待业人员，提高就业率，减少犯罪因素，促进社区安定，加深组织同社区居民的感情联系。

最后，组织作为社区的一个细胞，必然会对社区的肌体产生影响。每一个组织都应是繁荣社区经济的主体，担负着创造物质财富、增加有效供给、活跃商品市场、扶助公益事业的重任。

(二) 处理社区关系的艺术

组织在处理社区关系时，需注意以下几点：

(1) 创办和扶持社区公益事业；

(2) 为社区创造良好的生态环境；

(3) 为社区增添荣誉；

(4) 维护社区的安全；

(5) 对社区开放参观；

(6) 加强与社区的情感交流。

### 五、股东关系

(一) 股东关系的公众对象

股东，即企业的投资者。股东关系也称金融公共关系或财务公共关系。股东关系所包含的公众对象常见的有五类：第一，董事会，其成员一般是占有股份较多者或社会名流，他们由股东选举产生，代表股东管理企业；第二，持有可转让、买卖股票的"纯粹"的个人股东，他们分散在社会各个阶层，不直接参与企业经营，但关心企业的盈利状况；第三，股东与员工相结合，即员工购买本企业的股票，他们的利益与企业的利益联系得最紧密；第四，在我国还有通过国有（或集体）企业之间横向联合或集资产生的集体性股东；第五，中外合资型的股东，一般这类股东很少参与或完全不参与企业的日常生产经营活动，但具有一定的权利，如选举董事会，制定规章制度，提议修改章程，减少或扩大投资等。股东关系在国外是一种很常见的公共关系，由于股东关系涉及企业的权源和财源，与企业的生存和发展休戚相关，因此，处理好与股东的关系就成为企业公共关系的重要内容。

**（二）处理股东关系的艺术**

企业在处理与股东的关系时，需注意以下几点：

（1）激发股东的主人意识；

（2）让股东成为推销伙伴；

（3）与股东保持有效的沟通。

## 六、政府关系

**（一）建立与政府之间的良好关系**

政府关系是指社会组织与政府及其各职能机构、政府官员和工作人员，即社会组织与政府沟通的具体对象之间的关系。政府是国家权力的执行机构，是对社会进行统一规划和管理的"大管家"。在政府这个庞大的"保护伞"下生存、发展的社会组织，总是和政府发生着千丝万缕的联系。政府对社会组织的存在和发展有着举足轻重的作用和影响。作为国家权力的执行机构，政府通过对政策的制定和执行，制约和影响着社会组织的活动。例如在经济领域，企业在诸如税务、财政、金融、外汇、审计与统计、海关与贸易进出口管理、物资与能源的监控和调配、干部与人事、价格与市场管理、环境与生态保护、商标与专利、产品鉴定与商品检验等方面都要服从政府的管理。政府作为最具社会影响力和经济实力的组织，对某些社会组织的支持、援助和赞赏，往往能使其获得优越的竞争条件和有利的发展环境；政府对某些社会组织的批评、制裁，往往也会在社会上产生极大的影响。例如2001年，历时数年的以微软为被告的反垄断案尘埃落定，在法院和解判决送达后，微软立即做出积极的反应，对法院批准微软与美国联邦政府和九个州政府达成有条件的和解深表欢迎。微软声称："这一和解案非常严厉但很公平。尽管该和解案向微软追加了多项义务，但我们仍能在和解案的基础上继续进行技术革新，向用户奉献划时代的新产品。尽管今后我们将受到来自政府和竞争对手的严密监督，但为了履行应尽的义务，我们将不惜投入时间、精力和资源。"一向骄横霸道的微软被旷日持久的反垄断案搅得焦头烂额，尝到了委曲求全的滋味。

**（二）处理政府关系的艺术**

组织在处理与政府的关系时，需注意以下几点：

1. 与政府部门沟通信息

组织的公共关系人员应熟悉政府的法令、法规和政策，随时注意其变动和变化趋势，研究其适用范围，注意其变通性和灵活性，并提供给决策部门做参考依据，使组织的一切活动都自觉地在政策法令许可的范围内进行，并随时按照政策法令的变动来调整组织的政策和活动。

2. 与政府人员广为联系

处理政府关系，需要熟悉政府机构的内部层级、工作范围和办事程序，还要与各主管部门的工作人员增进友谊，保持良好的关系。

3. 扩大组织在政府部门中的信誉和影响

要赢得政府的支持，就要争取政府有关部门领导对本组织的重视。这就需要把握一切有利时机，扩大本组织在政府部门中的信誉和影响，使政府了解组织对国家和社会的贡献和成就。例如，组织可以利用新厂房落成、新生产线投产、企业周年庆典、新技术新产品问世等机会，邀请政府主管部门领导等出席组织的重大活动，主持奠基仪式或为落成仪式剪彩，参观新设备、新产品，通过各种专题活动，提高政府部门对本组织的信心和重视程度。

## 七、名流关系

### (一) 建立名流关系的意义和作用

与社会名流建立良好的关系，既可以充分利用名流的专长为组织的经营管理提供有益的意见咨询，又可以借助名流的声望，提高组织的知名度和美誉度。

1. 借助名流的社会声望

社会名流因其对社会的特殊贡献、突出成就等而享有较高的知名度，具有较高的社会声望或某方面的权威性。因此，与社会名流建立良好的关系，可以借助他们较高的社会声望，提高本组织的知名度。

2. 借助名流的社会关系网络

与社会名流建立良好的关系，能通过他们的社会关系网络为组织广结良缘。社会是分成不同层次和不同群体的，层次内、群体内（即所谓的"圈子"）的交往数量与质量都是高于层次间、群体间的。圈外人要进入圈内，往往是非常困难的。名流在他的圈子里通常是重量级人物，甚至是核心人物，有自己的社会关系网络。

3. 借助名流的专长与知识

组织搞好名流关系的意义和作用，不仅在于提高自身的知名度，还可以利用名流的专长、知识、智慧和能力等，将名流作为组织的"外脑""智囊"。

### (二) 处理名流关系的艺术

组织在处理与名流的关系时，需注意以下几点：

1. 如何看待名人效应

名人效应是公共关系策划常用的手段之一，它是借助名人已取得的知名度、美誉度及名人在社会上的巨大影响，来扩大本组织的知名度与美誉度。但在名人效应的问题上，不同的情况、不同的处理方式，就会有不同的结果。有的一炮打响，有的与机遇失之交臂，关键就在于如何充分发挥名人的知名度的影响，是否变知名度为美誉度。

2. 如何进行名人效应的策划

(1) 识别信息；

(2) 捕捉信息；

(3) 利用信息，扩展信息。

## 任务实训

开展关于对象型公共关系的讨论

### 实训目的

引领学生了解常见的几种对象型公共关系

### 实训安排

1. 学生收集并讲解一些对象型公共关系的案例
2. 将分析讨论的结果做成PPT，分小组演示、分享

## 教师注意事项

1. 由生活事例、企业经营事例导入关于对象型公共关系的介绍
2. 提供一些简单的案例，供学生讨论
3. 分小组点评，并将学生的表现计入平时成绩

## 任务四小结

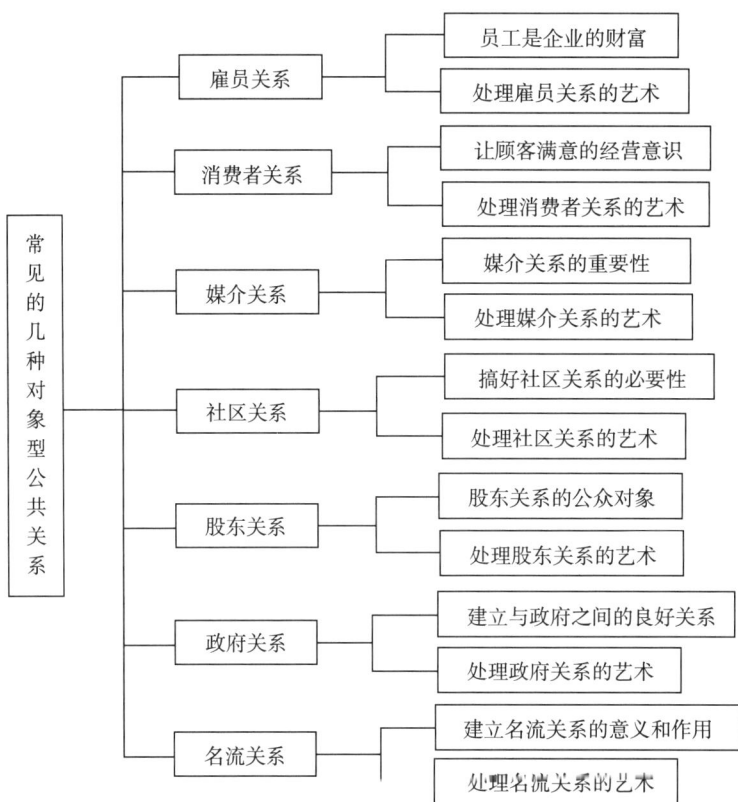

## 案例分析

2020 年，不少企业面临着新型冠状病毒感染疫情防控和复工的双重压力。2 月 8 日，一段题为"刚刚！老乡鸡董事长手撕员工联名信"的视频通过微博、微信朋友圈等平台广为流传。视频中老乡鸡董事长束从轩称由于受疫情的严重影响，老乡鸡保守估计会有 5 个亿的损失，为了帮助企业渡过难关，员工提出疫情期间不拿工资，并签字按手印提交联名信。束从轩对此的回应是直接撕掉，并喊话员工，哪怕卖房子、卖车子，也会千方百计确保员工们有饭吃、有班上。强硬的手撕联名信，在餐饮业普遍的哭穷哭惨声中独树一帜，该视频迅速出圈，在抖音平台的搜索量高达 500 万。该事件也被认为是餐饮业困境之下品牌公关的传播范本。

**阅读以上材料，回答问题：**

**该事件体现了怎样的公共关系，为企业和舆论带来了怎样的影响？**

## 实践活动

了解企业对象型公共关系活动

## 活动目的

促使学生理解现实中的对象型企业公共关系活动

## 活动安排

1. 教师与校外基地接洽，带领学生进入企业
2. 学生分组，分赴公共关系管理岗位，实地了解其工作
3. 将实践结果做成 PPT，分小组演示、分享

## 教师注意事项

1. 讲解工作要点
2. 检查学生分组是否合理
3. 分小组点评，并将学生的表现计入平时成绩

## 思政案例

2020 年 6 月 30 日，腾讯起诉"老干妈"，请求查封、冻结"老干妈"公司名下 16240600 元的财产。随后，"老干妈"发公告表示没有和腾讯有任何商业合作并报案。7 月 1 日，贵阳警方通报，三人伪造"老干妈"的印章被逮捕。据悉，三个"骗子"代表"老干妈"与腾讯签署《联合市场推广合作协议》，腾讯在"QQ飞车手游S联赛"中推广"老干妈"品牌，推出了手游限定款老干妈礼盒，还发布了 1000 多条推广"老干妈"的微博，期间"老干妈"产品更是频繁出现在赛事直播之中。

随后，腾讯在"哔哩哔哩"网站上发布动态更新，"中午的辣椒酱突然不香了"，引来

支付宝、盒马、金山等一大波友商官方账号前来围观慰问。网络上开始流传各种消遣腾讯的"段子"，掀起一波网络狂欢，网络情绪也由此一路攀高。而这种在"鹅厂"上撒"老干妈"的行为被网友亲切地称为"逗鹅冤"，腾讯和老干妈还被拉郎配成"妈化腾"CP。

腾讯回应被骗，自掏腰包悬赏1000瓶"老干妈"寻找线索。"老干妈"旗舰店上线辣椒酱大客户专属套装。7月1日晚间，腾讯公关总监晒出食堂晚饭仅有辣椒酱拌饭，腾讯官方账号在"哔哩哔哩"网站上上线"自黑"视频——"我就是那个吃了假辣椒酱的憨憨企鹅"。一通操作之下，"鹅"树立了"傻白甜""憨憨"等人设。

**思考：腾讯的此次公关给了你怎样的启发？**

## 自我学习总结

1. 主要知识
2. 主要技能
3. 主要原理
4. 相关知识与技能
5. 成果检验

# 项目二　公共关系活动技巧

## 教学目标

了解公共关系部和公共关系公司这两类公共关系机构；了解公共关系人员所必须具备的素质；了解公共关系中人际交往的理论和艺术。

## 知识目标

1. 了解公共关系组织机构的基本概念
2. 熟悉公共关系部的基本职能
3. 深刻认识公共关系人员所必须具备的素质
4. 了解公共关系中人际交往的理论和艺术

## 能力目标

1. 能够掌握提高公关人员素质的实用技能和实施应变技能
2. 能够具备公关人员的良好心理技能、知识结构和能力结构

## 素质目标

能够具备公关人员的职业素养

## 思政目标

1. 培养克服人际交往中心理障碍的信心
2. 培养具有综合品质的公关人才

# 任务一 公共关系的组织机构

公共关系活动有一个从自发到自觉的过程。自觉的公共关系活动一经开展，便产生了建立组织机构的需要。目前专门从事公共关系工作的组织机构主要是组织内的公共关系部和独立的公共关系公司。公共关系人员是公共关系工作的策划者、承担者和执行者，他们是否具有良好的素质将会影响公共关系工作能否顺利开展。如何利用或综合应用公共关系部、公共关系公司，认识公共关系人员的角色，以及对公共关系人员进行培养和选拔，是公共关系工作顺利开展所必须解决的问题。

## 一、公共关系部

公共关系工作是一项长期、复杂、有计划的工作，而非权宜之计，因此，需要有专门的机构来从事这项工作，以保证组织公共关系工作的职能化和经常化。

目前专门从事公共关系工作的组织机构可以分为两大类：一类是组织内的公共关系部；另一类是独立的公共关系公司。

公共关系部是贯彻组织公共关系思想，实现公共关系目标的专业性机构。一个组织的规模越大，公共关系事务就越多，因此需要将公共关系的职能在机构设置上予以保证。

1. 公共关系部在组织中的地位

公共关系部的工作影响到组织的信誉和形象，关系到组织上下内外的信息交流，关系到组织的短期利益和长远利益，关系到组织的整体利益及组织在社会整体中的地位与作用。因此，公共关系部既是组织的管理职能部门，又是组织的决策参谋部门。

公共关系部在组织中的决策参谋地位主要是由以下几方面的职能决定的：资料存储中心；信息发布中心；社会环境监测中心；趋势预测中心；公众接待中心。

2. 公共关系部的职责

由于公共关系部所在组织的性质不同，或因公共关系部所处层级的不同，公共关系部的职责有所差异。但其主要职责大体相同，可以概括为以下几个方面：收集和处理情报、新闻宣传和编辑制作、咨询和建议、协调和交往。

3. 公共关系部的特点

公共关系部作为组织的职能部门，有其自己的特点。它不同于组织的办公室或秘书处。在设置公共关系部时就必须明确，公共关系部既不是基层的生产部门，也不是直接的经营管理部门，而是高层次的服务部门，它为管理决策部门提供必要的咨询与建议。从机构性质上看，公共关系部主要有以下四个特点：专业性、协同性、自主性、服务性。

4. 公共关系部的设置原则

设置公共关系部是现代组织发展的必然趋势。对一个具体的组织来说，如何设置公共关系部，才能既适应组织发展的迫切需要，又保证达到最佳的工作效率？换句话说，就是按照什么样的设置原则来组建组织的公共关系部，才是最合适的？

由于各组织的规模和工作内容不同，对公共关系活动的要求不同，因而所设公共关系部的结构、规模也会不同。但是，任何一个组织在设置公共关系部时，至少要考虑以下几项原则：规模适应性、整体协调性、工作针对性、机构权威性。

5. 公共关系部的组织结构

公共关系部的组织结构没有固定的模式，它有各种各样的类型。下面我们以经济组织为例，介绍几种类型。

（1）按工作方式分类。从工作方式来考察，公共关系部的组织类型可以分为公共关系对象型、公共关系手段型和公共关系复合型等。

（2）按领导方式分类。从领导方式来看，或从组织管理角度考虑，或从公共关系部在组织中的地位来考察，公共关系部的设置可分为四种类型：总经理直接负责型、总经理间接负责型（或称部门并列型）、部门所属型、公共关系委员会。

（3）按公共关系部的规模分类。从公共关系部的规模来考察，公共关系部的设置可分为小、中、大三种类型，即：小型公共关系部、中型公共关系部、大型公共关系部。

## 二、公共关系公司

公共关系公司又称公共关系顾问公司或公共关系咨询公司。它是由各具专长的公共关系专家和公共关系人员组成，专门从事公共关系方面的有关咨询和公共关系活动，或受具体企事业单位委托，为企事业单位开展公共关系工作提供设计方案、决策参考的社会服务机构。

### （一）公共关系公司的工作内容

公共关系公司的基本职能是：为委托者（或称客户）提供公共关系的全部或单项服务；对委托者的公共关系工作进行指导、监督，提出建议以及帮助或代替其实施；帮助委托者与社会公众之间进行双向的信息沟通与交流。目的在于为委托者建立良好的信誉和形象，以利于委托者的经营和发展。

1. 咨询服务

咨询服务是一种软件服务。公共关系公司具有经验丰富、专业水平高、对问题分析比较客观等优势，因此即使设立了公共关系部的组织，也常常请公共关系公司为其提供各种咨询服务。这是公共关系公司的一项重要业务。

2. 专门技术服务

专门技术服务可以看作一种硬件服务。一些组织的公共关系部受财力和物力的限制，往往没有齐备的技术设施或具备各种专长的公共关系人员，需要请公共关系公司提供专门的技术服务。

3. 职业培训服务

组织在开展公共关系工作和建立公共关系部时，常常因缺乏专门人员或其工作人员经验不足、水平不高，而需借助于公共关系公司，帮助自己培训公共关系人员。

（二）公共关系公司的组织结构

同组织的公共关系部一样，公共关系公司的组织结构也没有固定的模式，但主要由以下几个部门组成：

1. 行政部门

这个部门是负责行政管理和行政指挥工作的决策机构，包括总部和各个行政分部。人员主要有公司总经理、副总经理和一定数量的业务经理。

2. 审计部门

审计部门是指专门对承接的公共关系项目进行审计工作的部门。这个部门一般由业务经理、业务部门的负责人和高级公共关系专家组成。目的是在保证公共关系项目质量的前提下，以最少的经费获取最大的经济效益，保证公司的财务收入。

3. 专业部门

专业部门是指具体从事公共关系项目的业务部门。它要根据公司的业务范围和专业特色来设置，每个部门都配有一定数量的精通本部门业务的公共关系专家。业务部门一般不对外承揽业务，只听从业务经理的安排。

4. 国际业务部门

国际业务部门是指专为海外地区提供公共关系服务的业务部门。

（三）公共关系公司的工作原则

公共关系公司所从事的工作，一方面涉及委托单位或个人的形象与信誉，另一方面要对社会公众负责。因此，公共关系公司在工作中应自觉遵守以下原则：

1. 遵纪守法

公共关系公司要自觉遵守国家法律、法规及有关方针政策。公共关系公司既是社会服务性机构，又是一个经济实体，其主要任务是为社会服务，而不能将贸易开发、商品经营作为主营项目。公共关系公司要在国家方针政策的指导下开展活动，以遵纪守法和高质量的服务赢得公众的信任。

2. 讲求真实、准确

公共关系公司必须保证将真实、准确的信息提供给客户。真实，就是客观地报道，不隐瞒任何情况，对待客户一片真心诚意，绝不虚情假意、敷衍塞责。准确，就是不夸大，不缩小，实事求是，切忌夸夸其谈；针对利弊指明改正的出路，绝不避重就轻、草草了事。

3. 不干涉内务

公共关系公司的工作人员由于是受委托开展公共关系活动的，必然在一定程度上对委托人的内部情况有所了解，但不能干涉委托人的内务。

4. 保守秘密

公共关系公司在代理委托人的公共关系业务的过程中，为保证实现公共关系目标，经常需要了解委托人的一些机密，公共关系公司应严格为其保守秘密，并不得接受那些可能泄露或利用这些机密的个人或单位的聘请，以防有损委托人的利益或形象。

**5. 避免为相互竞争的委托人同时服务**

公共关系公司不能随意为相互竞争的委托人同时开展公共关系活动。

**6. 一切为客户着想**

公共关系公司的宗旨是信誉第一、服务第一、客户第一。

**（四）公共关系公司的收费方式**

公共关系公司是对外营业的企业单位，在应客户要求为客户提供咨询或公共关系业务帮助时，以公共关系劳务的形式为客户服务，并向客户收取费用。公共关系公司的收费方式一般有以下几种：

**1. 项目收费**

项目收费是将公共关系业务工作进行分解，分成不同的项目，并根据项目的内容及其开支状况确定其费用，然后对各项费用进行汇总，得出总费用。收费项目主要有：咨询服务费、行政管理费、项目支出费、公共关系活动经费、项目利润。

**2. 计时收费**

计时收费即按参加工作的各级各类人员的不同标准，按工作时间收费。一般来说，每小时收取的费用是其本人每小时收入（含工资和奖金）的2～5倍。有的公共关系公司为了方便起见，采取每小时收取固定费用的办法。如在美国，采取这种办法的公共关系公司收费标准为每小时35～40美元。计时收费的标准根据公共关系公司声誉的高低而定，有时受专家本人的声望和资历的影响，有时也受具体工作的难易程度的影响。总之，计时收费没有统一的标准，一般根据具体情况由双方商定。

**3. 综合收费**

公共关系公司与客户双方根据业务需要，协商确定费用的总金额。这种费用一般在业务开始时由客户预付，这样有利于公共关系公司将有限的资金统筹安排，合理使用。缺点是客户对公共关系公司难以监督。

**4. 按项目需要分次收费**

这是综合收费的变通形式。客户若不愿采用综合收费方式，也可按项目实际需要，分次逐项付款。对于公共关系公司来说，可将此视为项目收费。对于客户来说，可以监督公共关系公司代理业务的质量，如果对该公共关系公司的服务不满意，后续其他业务也可以考虑选择别的公共关系公司。

**5. 项目成果分成**

项目成果分成即公共关系公司和项目委托人共同承担风险，共同受益。一般由委托人负责项目的实际费用，公共关系公司负责项目的调查、计划、决策研究、公共关系活动等，最后形成项目成果。这种成果一般可长期受益，公共关系公司和项目委托人按成果每年收益的百分率享受分成。

**（五）选择公共关系公司的标准**

组织在选择公共关系公司代理业务之前，都要根据一些标准来评价公共关系公司。客户选择公共关系公司的主要标准有：

### 1. 公司的信誉

公司成立时间、规模、知名度、美誉度，在公共关系界是否有权威，能提供哪些服务项目，举办过哪些著名的、重大的公共关系活动，有多大影响等，都是客户需要考虑的因素。

### 2. 公司的客户情况

公司接待过哪些客户，现在有哪些客户，客户的社会地位如何，这些客户对公司的技术业务和服务态度的满意程度如何。

### 3. 公司人员的业务水平

在公司里服务的公共关系人员的业务水平往往决定了公共关系公司的服务水准，所以公司从业人员是否受过专门训练，个人专业技术水平如何，能否与客户的要求相一致并努力去满足客户的需求，能否保证按时完成工作等，都是客户所关心的问题。

### 4. 收费标准

一家信誉良好的公司也可能是收费较高的公司，但是每一位客户都希望能花较少的钱，取得较好的效果。因此，客户选择和评价公共关系公司实际上是将其信任度、服务质量同收费标准进行比较。

## 三、公共关系组织机构的综合利用

社会组织需要通过公共关系组织机构来开展公共关系活动。公共关系部与公共关系公司各有所长，也各有所短。为了有效地开展公共关系活动，首先必须了解本组织的实际情况，在此基础上还应明确两种机构的优势和不足之处，以便综合利用这两种公共关系组织机构。

### （一）公共关系部的利弊

在组织内部建立公共关系部，对于组织开展公共关系工作有以下好处：熟悉组织情况、能提供及时的公共关系服务、有利于保持公共关系工作的连续性和稳定性、有利于节约经费等。

公共关系部具有自己的优势，同时也有自己的弱点，其不足之处主要有：职责不明，负担过重；看问题有时不够客观，即所谓"当局者迷"；总费用可能比聘请公共关系公司多；有可能成为组织的一种负担等。

### （二）公共关系公司的利弊

与公共关系部相比，公共关系公司具有以下优势：职业水准比较高、看问题比较客观、社会关系广泛、信息比较灵通等。

公共关系公司和公共关系部一样，有自己的优势，也有自己的弱点，其不足之处主要有：不太熟悉客户的情况；工作缺乏连续性、持久性；远离客户等。

### （三）扬长避短，趋利避害，综合利用

前面我们列举了两类公共关系组织机构的优势与不足之处。稍加分析就不难看出，公共关系部的优势往往就是公共关系公司的不足之处；反之亦然。

## 任务实训

开展关于公共关系的组织机构与人员任务的讨论

### 实训目的

加深学生对公共关系机构的工作内容的认识

### 实训安排

1. 学生收集并讲解一些企业（工作室）公共关系活动的故事或案例
2. 分析公共关系机构的作用，讨论公共关系机构的重要性
3. 将分析讨论的结果做成PPT，分小组演示、分享

## 教师注意事项

1. 由生活事例、企业经营事例导入对公共关系机构工作内容的介绍
2. 提供一些简单的公共关系机构的活动案例，引导学生讨论
3. 分小组点评，并将学生的表现计入平时成绩

## 任务一小结

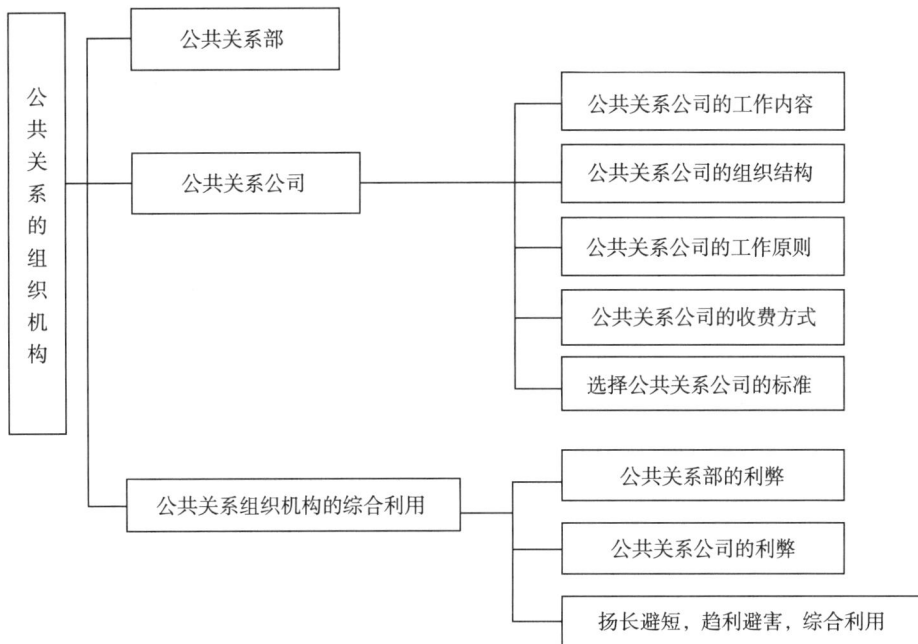

## 知识技能检测

### 一、课堂讨论

（1）组织内的公共关系部与独立的公共关系公司有何区别？

（2）讨论公共关系公司的工作原则。

（3）讨论你所熟知的公共关系的专门机构。

### 二、课后自测

**1. 选择题**

按照工作方式分类，公共关系部可以分为（　　）等三种类型。

A. 公共关系对象型　　　　　　　　　B. 公共关系手段型

C. 公共关系复合型　　　　　　　　　D. 公共关系传播型

**2. 判断题**

（1）外部公共关系主要是和组织外部的权力部门的关系。　　　　　（　　）

（2）公共关系传播的主体是各种传播机构。　　　　　　　　　　　（　　）

（3）公共关系传播以大众传播媒介作为主要手段，以人际传播作为辅助手段。（　　）

**3. 简答题**

（1）公共关系公司的工作内容。

（2）公共关系组织机构的综合利用体现在哪些方面？

## 思政案例

　　2020 年 9 月 8 日，新浪微博上的一位博主"@谷岳"用体验的方式实拍了记录北京王府井狗不理餐厅的员工服务态度差、包子难吃等情况的视频。随后，该视频在 9 月 10 日被博主"@北京人不知道的北京事儿"转发。然而，事情发生了逆转。9 月 10 日当晚，北京王府井狗不理餐厅在网上声称：视频的言论均为不实信息，发布者侵犯了餐厅名誉权。餐厅将依法追究相关人员和网络媒体的法律责任，表示已经报警。此番行为引起了舆情危机，一众网友声称"'狗不理'的公关团队绝了"。央视点名批评"老字号不能摆老资格"。不论是媒体还是群众，都在等"狗不理"的一纸道歉声明。9 月 15 日凌晨 2 点，"@天津狗不理"发表声明：狗不理王府井店为加盟店，其"面对消费者评价擅自处理且严重不妥，不能代表集团官方行为和立场"，并宣布解除与该店加盟方的合作。此番行为让广大网友对"狗不理"这一"中华老字号"非常失望。

　　**思考：**分析北京王府井狗不理餐厅的公关行为。

# 任务二　公共关系人员

公共关系人员，是对从事公共关系工作的人员普遍而又常见的称呼，指以公共关系理论研究、教学和实践为职业的人员。国内许多学者把这些人统称为公共关系工作者。公共关系工作是一项复杂、高级的劳动，绝不是任何人都可以胜任的，特别是随着我国改革开放的深入，公共关系工作者的队伍正不断壮大。

## 一、公共关系人员的素质

所谓公共关系人员的素质，是指从事公共关系工作的职业人员的气质、性格、品德、风度、学识和技能方面的综合品质。总之，公共关系人员的素质是其本人个性特征的总和，是一种综合能力的概括。具体来说，它应该包括以下方面的内容：

（一）气质

气质是指人的相当稳定的个性特点，表现为人的情感、认识、语言和行动中比较稳定的动力方面的心理特征。它是构成公共关系人员素质的重要方面。气质具有恒常性和稳定性。

（二）性格

性格是一种表现人的态度和行为方面的较稳定的心理特征，是个性的重要组成部分，与人的气质密切相关。开朗或忧郁、耐心或急躁……都是人的性格特征。优秀的公共关系人员在性格上应具备以下特征：

1. 开朗、有耐心、宽容

我们知道，公共关系工作要求公共关系人员与各方面的人员打交道，一个性格忧郁的人显然不适合从事这种工作。

2. 沉着冷静，勇敢顽强

公共关系人员面临的人与事往往是非常复杂的，各种矛盾相互交错。公共关系人员稍有不慎，就会铸成大错。

3. 富有幽默感

幽默是公共关系语言的重要特点之一。什么是幽默？列宁曾说，幽默是一种优美的、健康的品质。

（三）品德

品德是指人的品质与道德。意大利诗人但丁说："道德常常能填补智慧的缺陷，而智慧却永远也填补不了道德的缺陷。"一个道德高尚的人，不受世俗偏见的影响。

1. 实事求是

真实是公共关系的生命，因此，公共关系人员必须具备实事求是的品质。能写善辩是公共关系人员的特有财富，组织的形象也确实离不开他们的一张"铁嘴"和一支"生花妙笔"，但能写善辩绝不是无中生有、刁钻狡诈。

**2. 公正无私**

公正，意味着公共关系人员对所有的公众要一视同仁，平等对待，不能以衣着、地位取人。

无私，则要求公共关系人员不谋求组织利益之外的个人利益，更不能以牺牲组织的利益为代价来换取个人的利益。

**3. 勤奋努力**

公共关系工作看上去轻松、潇洒，但做起来却十分辛苦。公共关系人员应该具有吃苦耐劳、勤奋努力、不怕困难、不怕挫折、不断进取的精神。

**4. 乐于助人**

公共关系人员与人打交道的机会极多，在处理人际关系的活动中，应当以善解人意、乐于助人作为自己的行为准则之一。

**5. 光明磊落**

在竞争激烈的时代，有些地区和行业，同行的关系表现为你死我活的竞争，有时为了压住对手或击垮对手，同行间还不惜采取尔虞我诈、钩心斗角的不当手段。公共关系人员行事要光明磊落。

**（四）智慧**

公共关系工作的复杂多变性，决定了公共关系人员应具有一定的智慧。

**（五）知识**

丰富的知识，无疑是做好公共关系工作的必要保证。公共关系人员的知识结构应该是T字形，即专业知识要深厚、一般知识要广博。

**（六）能力**

知识是能力的基础，但不等于能力。能力是知识与经验的集合。公共关系人员应具备的能力包括以下几个方面：组织能力、表达能力、宣传推广能力、社交能力、创新能力、应变能力、自我调节的控制能力。

## 二、公共关系人员的角色

公共关系工作需要一大批人去做，这些人由于工作性质、范围、职能的不同，因此在公共关系工作中充当不同的角色，承担不同的义务，享受不同的权利与待遇。公共关系人员的角色大体上可以分为四种类型：专家型、领导型、技术型和事务型。

**（一）专家型角色**

充当专家型角色的一般是研究和解决公共关系理论与实践问题的权威，他们有渊博的知识、丰富的经验、较高的理论水平与宣传推广能力。他们是公共关系队伍中的中坚力量和精英。充当专家型角色的主要包括以下几类人员：

1. 公共关系顾问

公共关系顾问是公共关系专职的高级工作者，是处理和解决公共关系方面问题的社会技术专家，为专业的公共关系公司工作。

公共关系顾问的主要任务是：制定与实施公共关系方案，为委托人做决策提供参谋；帮助委托人建立与公众的沟通渠道，协调委托人与公众的关系；提供各种业务咨询，传播信息，解决公共关系难题；指导和教育一般公共关系人员，提高他们的素质与水平。

2. 公共关系学者和教育家

公共关系学者和教育家是公共关系研究与教育方面的专家。他们从事社会调查，进行公共关系的理论研究，总结公共关系的策略与经验，从事不同层次的正规教育与业余培训。这些人主要包括权威的新闻记者与编辑、专栏评论家、大学教师和研究员等。

这些专家的主要任务包括：

（1）从事公共关系理论的研究与探讨，为国家重要部门提供制定策略的依据；

（2）介绍、翻译和传播国内外有关公共关系理论、实践、动态的信息；

（3）撰写公共关系论文，编撰公共关系专著与资料，编辑出版有关报纸、杂志，为电台、电视台等大众传媒提供专题或专栏节目；

（4）从事公共关系教育工作，在学校开设公共关系课程，为函授、讲习班等编写教材，做学术报告；

（5）制定公共关系教育大纲，组织公共关系知识的普及、各项竞赛和专题活动等。

（二）领导型角色

领导型角色是指在各公共关系组织或相关单位中担任领导职务者，包括经理、部长、主任、兼职领导者、社会活动家等。

1. 经理、部长、主任

他们是公共关系机构的直接领导者，是一个部门进行公共关系工作的总设计师。他们的工作对整个组织举足轻重。由于公共关系工作横向牵涉面广，又与国家设置的行政业务机构不可分割，因此公共关系机构的领导通常由组织或企业的行政负责人兼任，一般以副职出任为多。有的公共关系机构规模大、任务重，可以设置专门的领导人员，主持日常公共关系工作。

2. 兼职领导者

各地区、各部门的公共关系工作的开展，不同程度地得到了各级党政领导人的关怀与支持。

（三）技术型角色

技术型角色是指公共关系工作中从事专项技术的业务工作人员，主要包括一般的记者、编辑、摄影师、广告师、设计师及其他技术人员，他们以各自的技术专长进入公共关系角色。他们可以是专职固定人员，也可以是根据需要聘请的专门人才。

### （四）事务型角色

事务型角色是指组织中从事一般日常公共关系工作的人员，他们是最普通也是最基层的公共关系人员。这些人员包括秘书、办事员、服务员、招待员、翻译、助理员、导游、消费引导员等。

## 三、公共关系人员的选拔与培养

选拔和培养公共关系人员，是我国当前开展公共关系工作和发展公共关系事业的一项迫切任务。

### （一）选拔公共关系人员的原则

目前，我国专门培养公共关系人才的专业学校还不多，虽然一些学校已经设立了这样的专业并培养出了一些学生，但解决不了目前公共关系人才短缺的问题。公共关系人员主要是从各行各业中选拔。选拔时一般遵循以下原则：

**1. 因人而施，任人唯贤**

公共关系人员有通才与专才之分。通才式的公共关系人员一般要求经过系统的教育，最好经过综合性大学的全面学习和培养。

**2. 广选博择，正视能力**

组织在选择公共关系人才时，眼界应该放宽一些，不要局限在自己的组织范围内，更不要把眼光盯在某几个人身上。应该面向整个社会招聘公共关系人才，把那些有志从事公共关系工作、德才兼备的人招聘进来，这不失为一种广选博择的好办法。

**3. 用人之长，避人之短**

在实际工作中，优点突出的人往往缺点也很突出。世界上没有完美无缺的人，问题是看他在哪方面强一些，扬长避短。

### （二）公共关系人员的培养目标

根据公共关系工作的需要，对不同的公共关系人员应该有不同的培养目标。一般认为，公共关系人才的培养应该朝两个方向努力：一是培养通才式的公共关系人才；二是培养专才式的公共关系人才。

专才式的公共关系人才，要精通某一方面的公共关系技术，如新闻写作、广告、美工制作、摄影、书法、绘画、市场分析、资料编辑等。组织中许多具体的公共关系工作都需要这些人亲自动手。这样的人在组织中宜有不宜无，宜多不宜少，他们是一个健全的公共关系组织不可缺少的人才。

### （三）公共关系人员的培养途径

从公共关系教育的角度看，公共关系人员的培养途径主要有以下几种形式：

**1. 大学本科、研究生教育**

大学公共关系专业一般为四年制本科或毕业后再接受研究生教育。

目前，我国研究生层次的公共关系教育是公共关系学科地位确立的体现，同时是做强公共关系学科的必由之路。硕士研究生层次的教育主要是向业界提供高端专业人才，博士研究生层次的教育对壮大学界力量具有关键意义。

2. 大专培训班

大专培训班由综合大学的公共关系专业或相关专业举办，也可由教育单位与用人单位联合举办，学制一般为两年。学生通过学习可以获得比较广泛的知识，有较全面的智力结构、能力结构和完整的性格结构，能成为通才式的公共关系人员，将来可以从事公共关系部门的各类日常工作。这种形式比较适合我国现阶段的状况，可以缩短人员培养的周期，早出人才。

3. 函授教育

采取函授教育的方式培养公共关系人员，是一种应急办法。函授教育的时间比普通院校教育的时间短，通常为一年。

4. 公共关系培训班

公共关系培训班有的长达数月，有的短至几天，时间上没有统一规定，伸缩性很强。由于培训时间长短的不同，讲课者和学员的情况差别很大，因此各种培训班的教学内容不尽相同。

## 任务实训

开展关于公共关系人员的讨论

## 实训目的

加深学生对公共关系人员的认识

## 实训安排

1. 教师与校外基地接洽，带领学生进入企业

2. 学生分组，分赴公共关系管理岗位，实地了解公共关系机构及其人员配备，以及公共关系业务活动准备环节的工作，并形成讨论成果

## 教师注意事项

1. 由生活事例、企业经营事例导入对公共关系人员的介绍

2. 提供一些简单的公共关系传播案例，引导学生讨论

3. 分小组点评，并将学生的表现计入平时成绩

## 任务二小结

```
公共关系人员 ─┬─ 公共关系人员的素质 ─┬─ 气质
              │                      ├─ 性格
              │                      ├─ 品德
              │                      ├─ 智慧
              │                      ├─ 知识
              │                      └─ 能力
              │
              ├─ 公共关系人员的角色 ─┬─ 专家型角色
              │                      ├─ 领导型角色
              │                      ├─ 技术型角色
              │                      └─ 事务型角色
              │
              └─ 公共关系人员的选拔与培养 ─┬─ 选拔公共关系人员的原则
                                          ├─ 公共关系人员的培养目标
                                          └─ 公共关系人员的培养途径
```

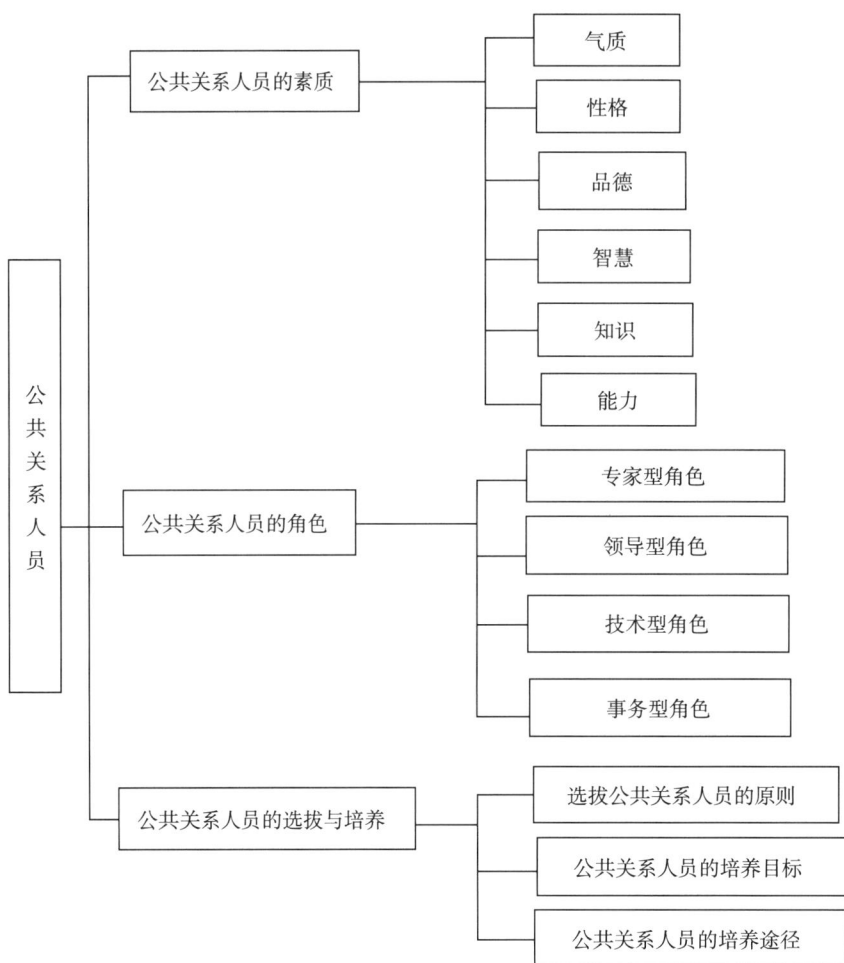

### 知识技能检测

## 一、课堂讨论

(1) 搜索我国改革开放以来著名的公共关系从业者，讨论他们的工作素养。

(2) 讨论一个组织如何选拔并培养出优秀的公共关系人员。

## 二、课后自测

1. 选择题

(    )是公共关系语言的重要特点之一。列宁曾说，它是一种优美的、健康的品质。

A. 幽默　　　　　　　B. 宽容　　　　　　　C. 冷静　　　　　　　D. 耐心

2. 判断题

(1) 性格忧郁的人适合从事公共关系工作。　　　　　　　　　　　　　　（　　）

(2) 公共关系顾问是公共关系专职的高级工作者，是处理和解决公共关系方面问题的社会技术专家。　　　　　　　　　　　　　　　　　　　　　　　（　　）

3. 简答题

(1) 简述公共关系人员应具备哪些方面的素质。

(2) 从事公共关系人员的角色有哪些？

## 思政案例

2000 年 8 月，江西第一家肯德基餐厅落户南昌，开张数周，一直人山人海，非常火爆。不想未到一个月，即有顾客因争座被殴打而向报社投诉"肯德基"，造成了一场不小的风波。

事件经过大致如下：一位女顾客用所携带物品占座后去排队购买套餐，期间，该座位被一位男顾客坐住而引发的争执。先是两位顾客因争座发生口角，尽管当时已引起其他顾客的注意，但其他顾客都未太在意，此时餐厅的员工未能及时平息这两位顾客的争端。接着这两位顾客由争吵上升到大声争吵，店内所有顾客都开始关注事态，邻座的顾客停止用餐、离座回避，带小孩的家长担心事态危险、小孩受到粗话的不良影响，开始领着小孩离店。最后这两位顾客由争吵上升到斗殴，男顾客出手殴伤女顾客后离店，别的顾客也纷纷离店外逃并远远地看"热闹"。女顾客非常气愤，当即要求肯德基餐厅对此事负责，并加以赔偿。到此时，其影响面还局限于人际范围，如果餐厅经理能满足顾客的要求，女顾客就不至于向报社投诉。但餐厅经理表示，"这是顾客之间的事情，'肯德基'不应该负责"，拒绝了女顾客的要求。女顾客马上打电话向《南昌晚报》《江西都市报》投诉。两报立即派出记者到场采访。女顾客陈述了事件的经过并坚持自己的要求，而餐厅经理在接受采访时对女顾客被殴表示同情和遗憾，但仍认为餐厅没有责任，不能做出道歉和赔偿。两报很快对此事做了报道，结果引起了众多市民的议论和有关法律专家的关注。事后，根据《消费者权益保护法》，"肯德基"被认为对此事负有部分责任，向女顾客公开道歉，并赔偿了部分医药费，两报对此也都做了后续报道。

**思考：从公共关系角度来看，顾客争座，"肯德基"到底该不该管？**

## 自我学习总结

1. 主要知识

2. 主要技能

3. 主要原理

4. 相关知识与技能

5. 成果检验

# 任务三　公共关系活动交往与礼仪

开展公共关系活动离不开人际交往。所有的公共关系活动都必须靠人来进行，大量的公共关系工作是通过组织的公共关系人员与公众的交往行为实现的。因此，公共关系人员必须掌握人际交往的理论和艺术。

## 一、人际交往与形象塑造

人际交往是人们生活中必不可少的组成部分，也是公共关系活动中的重要内容。这里将着重从人际交往的角度分析公共关系人员如何塑造自己的形象。

### （一）人际交往的含义与基本模式

组织要处理好与公众之间的关系，求得生存和发展的良好环境，就必须开展各种具体的公共关系活动，而大量的公共关系活动的主体都是现实中具体的人，所以，开展公共关系活动离不开人际交往。

1. 人际交往的含义

人际交往的含义可以从以下几个方面理解：

（1）人际交往是人与人之间的交往；

（2）人际交往是有意识、有目的的行为；

（3）人际交往需要实现信息的交流和思想的互动。

2. 人际交往的模式

人际交往的形式、渠道多种多样，按信息沟通的过程，可将人际交往分为以下几种基本模式：

（1）直接沟通和间接沟通；

（2）正式沟通和非正式沟通；

（3）语言沟通和非语言沟通。

### （二）人际交往的一般过程

人际交往一般来说要经历以下五个过程：相遇—注意—吸引—适应—依附。在具体的交往中，各个阶段有可能相对短暂，也有可能相对较长；有可能顺次经历以上五个阶段，也可能在某个阶段出现停止和逆转。因此，这一过程的发展速度和方向存在一定的随机性，但总的来说还是有规律可循的。以下分别对各个阶段加以说明。

1. 相遇阶段

相遇是人际交往过程的第一个阶段，也是信息发送者与信息接收者之间最初的联系。这种联系是通过一定的媒介物，或者通过直接接触建立的。

2. 注意阶段

只有通过相遇，才能引起注意。但是，在茫茫人海中，一个人不可能对所有相遇的人都注意，也不可能无缘无故地对某些人加以注意，只有当某人（或某些人）具有与众不同的并且特别吸引主体的特质时，才可能引起主体的注意。这里所说的特质包括人的风度、仪表、举止、谈吐、行为等一些外显化的东西以及内在的气质、精神面貌、学识水平、某种需求等。

### 3. 适应阶段

在交往过程中，交往双方彼此为对方所吸引，这便为双方的进一步交往打下了良好的基础，这时的交往会进入一个更高的层次——适应。双方为了密切这种交往，往往会更加理智地调节自己的行为以适应对方，同时，也通过相互间的沟通来接受或同化对方的行为和个性。在适应阶段，双方都开始约束自己，通过一定方式的沟通表达自己与对方交往的意愿和感受。

### 4. 依附阶段

当交往双方经过一段时间的接触和了解，感到彼此适应了对方时，交往就进入了依附阶段。这是人际交往中的最高阶段。

### （三）人际交往中自身形象的塑造

人格魅力是一个人心理素质和修养的外在表现，它能反映一个人的道德品质、思想情感、性格气质、学识教养、处世态度等。一个人能否为别人所接纳，是否具有人格魅力，关键在于他在别人心目中的形象如何；个人形象的好坏直接影响到其与他人关系的性质、程度。

为了广泛建立良好的人际关系，展示自己的人格魅力，公共关系人员在人际交往中要塑造良好的自身形象。为此，必须注意以下原则：

（1）精神饱满，神情自然；

（2）仪表整洁，衣着得体；

（3）谈吐高雅，言语真诚；

（4）自然大方，挥洒自如。

## 二、人际交往中的语言技巧

生活离不开交往，交往离不开语言。一句热情得体的话，可以暖人心田；同样，一句尖酸刻薄的话，也可以招来嫉恨。礼貌友好的语言艺术常常可以沟通信息、交流思想和表达感情，给人的生活和事业带来不可低估的影响。因此，公共关系人员在语言技巧方面应力求解决好以下几个问题。

### （一）赞扬的技巧

一个人不管是通过言语还是通过行为，只要表达出对别人的优点和长处的真诚的肯定和喜爱，都可以说是赞扬或是赞美。赞扬是一种堂堂正正、正大光明的处世艺术。

学会赞扬，需要把握以下几个原则：

（1）真诚是赞扬的前提；

（2）赞扬对方引以为荣的闪光点；

（3）赞扬要实事求是；

（4）赞扬要适应环境；

（5）间接赞扬可能收到奇效。

**（二）劝说的技巧**

劝说是一门艺术，常言道，话有三说，巧说为妙。不同的谈话方式，效果往往大不一样。"触聋说赵太后"的故事众人皆知，在现代社会里，我们虽然不需要做到像臣子劝说统治者那样，但在日常工作和生活中，如能将婉言规劝用得恰到好处，就会对人与人之间的沟通、理解大有益处。具体可以从以下方面着手：

（1）以退为进；

（2）逻辑诱导；

（3）类比借喻；

（4）分散注意。

**（三）否决的技巧**

在拒绝或否定别人时，往往容易伤害对方的自尊心。因此，在拒绝别人时，语言的艺术表现在拒绝对方时是否能保留对方的面子，维护对方的自尊心。下面谈谈在拒绝对方时应该注意的几个问题：

（1）选择好谈话的场合与环境；

（2）拒绝或否定之前，最好先肯定对方的优点；

（3）否决对方时，要给对方台阶下。

**（四）道歉的技巧**

在人际交往中，人们往往会在有意无意间得罪他人，伤害彼此间的友好情谊，造成不愉快，甚至产生感情上的"疙瘩"。冤家宜解不宜结，那么怎么个解法呢？要学会道歉。道歉，就是向对方表达出你内心深处真诚的歉意。表达歉意时需要把握一定的技巧：

（1）勇于承担责任；

（2）善于把握时机；

（3）巧于借物传情；

（4）贵在持之以恒。

## 三、人体语言的交际功能

人体语言所表达的意识大多属于理性层面，它往往不能直率地表露出一个人的真正意向，这就是所谓"说出来的言语并不等于存在于心中的语言"。因此，要了解说话人的深层次的心理，单凭语言是不行的。对于每一个公共关系人员来说，在人际交往中应该学会解读、掌握和运用好人体语言，提高交际水平。

**（一）人体语言的特性和表现功能**

人体语言是以人的动作、表情、界域以及服饰等为工具，来传递消息、表达思想感情的一种伴随语言。它是一种无声的语言，又称体态语、身势语、动作语和非语言交际等。人体语言的特点包括：

（1）人体语言能真实、可靠地反映出人的心理和性格特征；

（2）人体语言能反映出人们的真实感受和内在需要；

（3）人体语言具有强烈的表现力，能弥补有声语言的不足；

（4）人体语言具有感染力和吸引力。

（二）人体语言的一致性和矛盾性

人体语言在人际交往中的用途很广泛，其动作和姿态表现的含义也很丰富。但是在运用人体语言进行社会交往时，还要了解到人体语言既有一致性的一面，也有矛盾性的一面。充分认识到人体语言的这种两面性，可以使我们捕捉到人体语言所反映的真实信息，避免判断失误。

1. 人体语言的一致性

人体语言的一致性是指人的动作、行为在反映他的心理和思想时，符合其既定的风格和习惯。人体语言的一致性包括两个方面：一方面是姿态之间、动作之间配合的一致性，即人体语言自身的一致性。比如，一个人愤怒的时候，其行为表现应该是怒目圆睁、嘴唇紧闭和握拳。目、嘴、手，这三个部位的动作表达的都是愤怒。这就说明人体语言自身具有一致性，人体语言反映的含义是真实的。

2. 人体语言的矛盾性

人体语言的矛盾性即不一致性。它包含两层意思：一是指人体语言本身的不一致性，二是指人体语言与有声语言的不一致性。所谓人体语言本身的不一致性，就是指身体所做出的各个动作、姿势不协调，给人一种不舒服、猜不透的感觉。造成这种不一致的原因，大致可归为两种：一种是由于撒谎或隐瞒什么导致心虚，心虚一般能通过人体语言相互之间动作的不一致、不协调反映出来；另一种是由于置身于陌生的环境或与陌生人打交道时感到拘谨，因而表现出来一系列相互不一致的动作。

当然，判断一个人的人体语言是否具有一致性，是一个比较复杂的过程，需要认真地观察、分析和比较。在不断的实践中提高自己掌握人体语言的能力，这样，你就会从这无声的交流中体会到人体语言神奇而美妙的魅力。

（三）交往中需注意的人体语言

人体语言作为一种能够传情达意的交际工具，它的使用是有一定的常规与习惯可循的。了解这些，不仅有助于理解别人的意图，而且能够使自己的表达方式更加丰富，表达效果更加直接。

## 四、人际交往中的心理障碍及克服方法

人际交往的过程，也就是人与人之间信息沟通、思想感情交流和行为互动的产生过程。但是，在交往过程中有很多因素会成为人际交往的障碍，诸如职务、职业障碍，环境条件障碍，年龄、性别障碍，文化、种族障碍等。这些障碍中，表现最为突出的是人际交往的心理障碍，这些心理障碍给人际交往造成了不同程度的危害。

（一）交往过程中的心理障碍

1. 知觉障碍

人际交往中，知觉障碍是我们在认知对象时，经常会出现的心理障碍，最常见的表现

有第一印象、晕轮效应和刻板印象等。

2. 心理障碍

在人际交往中，还有一些由于心理因素，比如嫉妒、自私、猜疑、羞怯、自卑等造成的心理障碍。这些心理障碍给人际交往造成了不同程度的危害。

(二) 如何克服交往中的心理障碍

1. 认识和完善自我形象

要克服各种心理障碍，成功地与别人交往，首先应了解自己。许多人之所以在交往中产生自卑、羞怯等消极心理，主要是对自己缺乏了解。要从两个方面来认识和了解自己：其一，可以通过与别人的比较来认识自己；其二，可以通过对自己行为的评价以及他人对自己的评价来认识自己。在充分认识自己的基础上，要不断地完善自己。

2. 严于律己，宽以待人

为人处世，需要有宽广的胸怀。要想获得对方的尊重和信任，就要先尊重和信任别人。我们在与他人交往的过程中，要想得到理解，减少误解，首先要将心比心，只有这样才能真正地体谅他人。

倘若在人际交往中真正做到严于律己，宽以待人，我们就会以积极向上的形象感染他人，从而克服人际交往中的障碍，为建立融洽的人际关系奠定基础。

3. 树立新型的交往观念和交往意识

随着社会主义市场经济体制的建立和不断完善，人们逐渐从传统的行政隶属关系中解脱出来，发展出以市场为纽带的新型人际关系。我们要跟上时代的步伐，积极主动地适应当代人际关系变化和发展的新趋势，这也是克服人际交往心理障碍的先决条件。

## 五、人际交往的常见形式

在长期的人际交往活动中，人们逐步形成了一套约定俗成的礼仪。无论在官方或商务交往中，还是在民间团体或个人亲朋好友的往来中，人际交往的礼仪都受到了人们的重视，从而起到了联络感情、表达尊重对方的愿望，以及体现文明风尚等作用。作为公共关系人员，应该了解和掌握人际交往活动的常见形式和基本礼仪，以便做好公共关系工作。

(一) 接待

接待工作是一种技巧，也是一门艺术。如果接待时，能做到自然、热情、礼貌、文明，组织的形象和声誉就会很好。因此，公共关系人员必须有针对性地做好接待工作，为组织多交朋友，消除敌意。接待时要注意的基本礼仪主要有：

(1) 迎接礼仪；

(2) 接待礼仪；

(3) 乘车座次礼仪。

(二) 宴请

宴请，通常是指由组织或个人出面举办，为达到一定的目的，表现为用餐形式的集体聚会。在社会上，它既是一种常规的社交活动，也是与他人联谊的一种主要形式。在日常工作和生活中，公共关系人员有时需要参加一些宴会，有时甚至需要直接出面主持宴会。不论是身为主人操办宴会，还是身为客人出席宴会，都有必要了解基本的宴会礼仪。依照惯例，在宴会上至关重要的礼仪问题主要涉及五个方面，即：会见、菜单、费用、举止和环境。这里主要讨论宾主的会见。

从礼仪上来讲，宴会上的会见问题具体又可以分为来宾的邀请、宴会的排位以及社交的进行等三个方面。

1. 来宾的邀请

举办正式宴会，首先要妥善处理好来宾邀请的问题。处理该问题时，又要注意两点：

（1）确定邀请范围；

（2）提前发出邀请。

2. 宴会的排位

举办正式宴会，一般均应提前排定其位次。宴会的排位通常又可分为桌次安排与席次安排这两个具体的方面。

（1）桌次安排。在宴会上，若所设餐桌不止一桌，则有必要正式排列桌次。排列桌次时，要注意"面门为上""以右为尊""以远为上"等规则，还要兼顾各桌距离主桌的远近。主要讲究有三：

a. 以右为尊；

b. 以远为上；

c. 居中为上。

当餐桌分为左右时，一般以居右之桌为上。

（2）席次安排。席次在宴会上具体是指同一张餐桌上席位的高低。在中餐宴会上，席次安排的具体规则有四：面门为主；主宾居右；好事成双；各桌同向。

3. 社交的进行

参加宴会时，宾主双方均应巧用时机，进行适当的社交活动。

（1）主人的社交。在宴会上，主人除了要确保宴会的顺利进行，还应进行适度的社交。对于主宾，主人应认真作陪。对于有特殊要求的客人，主人应认真满足。对待不善社交的人士，主人应为之打破尴尬，介绍朋友。尤其重要的是，与客人进行社交时，主人既要有重点，又要注意在总体上一视同仁，不搞有亲有疏。

（2）客人的社交。客人在赴宴时，除了要愉快就餐，还要积极开展社交活动。在宴会上，客人一定要寻找机会问候一下主人，联络老朋友。此外，还要努力创造机会结识新朋友。结识新朋友，可以毛遂自荐，也可以托人引见。不过，一定要以双方自愿为前提。

（三）会见与会谈

会见在国际上一般有两种情况：其一是接见，指的是身份高的人士会见身份低的人士，或是主人会见客人（又称召见）；其二是拜会或拜见，指的是身份低的人士会见身份高的人士，也可称为谒见或觐见。在我国则不做细分，统称为会见。在接见或拜会后的回访，称回拜。会见从内容上来看，有礼节性和事务性之分，或者两者兼而有之。礼节性的会见时间相对较短，话题亦广泛；事务性的会见则时间较长，谈话的内容也较专门化。

1. 会见中的礼仪规范

会见之前，双方都应做好准备工作。首先是提出方提出会见要求，必须将要求会见的人的姓名和职务、会见的目的等告知对方。接着是接见方应尽快给予答复，如遇到特殊情况不能接见，应婉言向对方做好解释工作。如同意会见，则要约好合适的时间，主动将会见地点、主方出席人及具体安排等通知对方。做好会见前的沟通工作，是双方间的一种礼貌。

2. 会谈中的礼仪规范

在会谈中，双方一般围桌而坐，通常使用长廊形、椭圆形或圆形桌，宾主相对而坐。若是多边会谈，座位可摆成圆桌，按礼宾次序依次就座。

在与客人会谈过程中，谈话时的仪表、语气、话题都十分重要。出席谈话的人要努力给对方留下一个美好的印象，促使会谈成功。

### （四）其他

1. 馈赠

在社会经济日益发展的今天，人与人之间的距离逐渐缩短，接触面越来越广，迎来送往及喜庆宴贺的活动越来越多，彼此送礼的机会也随之增加。但如何挑选适宜的礼品，许多人都为之费神。懂得送礼技巧，不仅能达到预想的效果，还可增进彼此间的感情。作为一名公共关系人员，应该熟谙赠礼的方法和技巧，如果事前考虑周到，那么一定会事半功倍。

（1）送礼忌讳：

a. 选择的礼物首先你自己要喜欢，你自己都不喜欢，别人怎么会喜欢？

b. 为避免重复选同样的礼物送给一个人的尴尬情况的发生，最好每次送礼时做一下记录。

c. 千万不要把以前接受的礼物转送出去，或丢掉它，这种做法不礼貌。

d. 切勿直接询问对方喜欢什么礼物。

e. 切忌送会刺激别人感受的东西。

f. 不要试图以你的礼物来改变别人的品位和习惯。

g. 必须考虑接受礼物者的职位、年龄、性别等。

h. 即使你比较富裕，送礼物给一般朋友时也不宜太贵重，宜送一些有纪念意义的礼物。如你送给朋友孩子的礼物超过他父母送的礼物，可能会引起他父母的不快。另外，礼品的价值最好在自己能力负担范围内，这样别人才乐于接受。

i. 谨记要除去价签及商店的包装袋，无论礼物本身价值多少，最好用礼品包装纸包装。有时细微的地方更能显出送礼人的心意。

j. 考虑接受者在日常生活中能否用到你送的礼物。

（2）送花技巧。爱花是人类的天性。一束花，几支玲珑剔透的枝叶，配上色彩调和的花瓣，会使人眼前一亮，能把阴沉、烦闷、忧郁一扫而光，带来满眼的光辉和满室的生气，使人们在赏心悦目之余，陶醉在安静祥和之中。这时的一束花，不仅会带给人心灵的舒适，更是精神的寄托。这就是花的功效。在节日期间送给对方一束花，对增进彼此的感情大有好处。但是，什么节日、什么季节送什么样的花，很有讲究。

（3）他国送礼指南。美国著名的派克钢笔公司准备了一份"送礼指南"，供公司去往世界各地的人员随身携带。该指南介绍了不同国家和地区对接受礼物的不同好恶和习惯。德国人很重视礼节，因此对礼品是否适当要格外注意，包装一定要考究、尽善尽美。德国人往往很重视第一印象。去德国人家里做客，不能送玫瑰花，因为在那个国家，玫瑰是专门送给情人的。在日本，送菊花，菊花最多只能有 15 片花瓣，因为只有日本皇室徽章上才有 16 片花瓣的菊花。

2. 电话交往

随着科学技术的发展和人们生活水平的提高，电话的普及率越来越高，人们离不开电话，每天都要接打大量的电话。

当我们打电话给某单位时，若一接通就能听到对方亲切的招呼声，心里一定会很愉快，于是双方的对话就能顺利展开，对该单位就会有较好的印象。

电话交往的技巧包括：喜悦的心情；清晰悦耳的声音；迅速准确地接听；认真清楚地记录；了解来电话的目的；接电话前的礼貌。

3. 名片交往

名片是一张印有个人姓名及有关内容的卡片，它是一种雅致的用于社交活动中自我介绍的文书。

随着社会的发展，名片被广泛地应用于社会交往中。一般来说，名片至少有以下两个好处：一是方便省时，交往双方互通姓名，用不着什么"弓长张""立早章""三画王""草头黄"之类的烦琐解释；二是便于查记，俗话说"一回生，二回熟"，相识了，说不准哪天要联系，一旦忘记姓名、地址，保存一张名片，一切问题就都解决了。

名片比一般书信更为简洁，但又比一张便条显得正式。通常，名片可分成以下两类：

(1) 普通名片；

(2) 公务名片。

名片的制作要求如下：

(1) 内容真实、准确；

(2) 文字简要、精练；

(3) 重点项目要突出；

(4) 设计要别致、有个性。

## 任务实训

开展关于公共关系人际交往的讨论

## 实训目的

加深学生对公共关系人际交往的认识

## 实训安排

1. 学生分组，讨论公共关系活动交往与礼仪

2. 分析其中的注意事项与写作要领，做出 PPT 展示，并讨论公共关系人际交往与礼仪的重要性

3.将分析讨论的结果做成PPT，分小组演示、分享

## 教师注意事项

1. 由生活事例、企业经营事例导入对公共关系交往与礼仪的介绍
2. 提供一些简单的公共关系人际交往的案例，供学生讨论
3. 分小组点评，并将学生的表现计入平时成绩

## 任务三小结

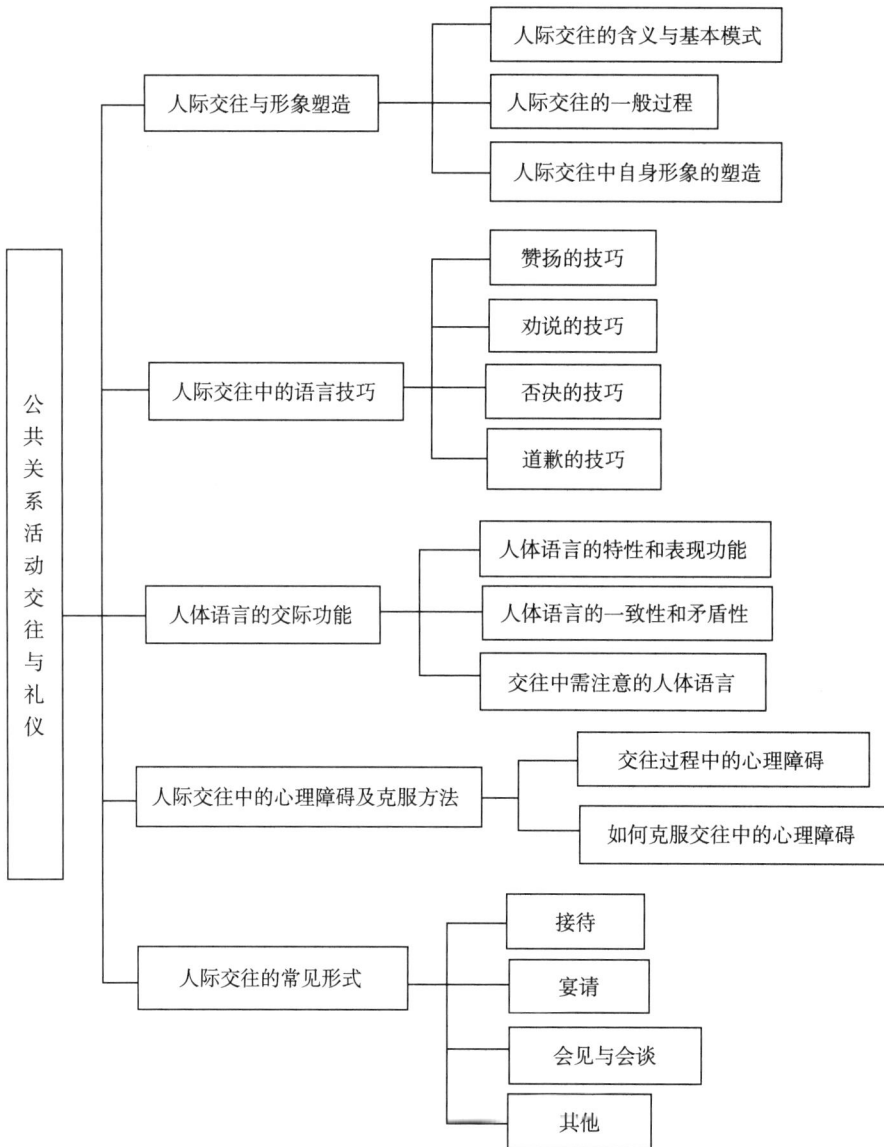

## 知识技能检测

### 一、课堂讨论

(1) 公共关系人际交往的功能有哪些？

(2) 讨论人际交往的一般过程。

(3) 公共关系礼仪与组织形象有何关系？

(4) 讨论在人际交往中，如何掌握道歉的技巧？

(5) 公共关系语言的艺术性表现在哪些方面？

### 二、课后自测

**1. 选择题**

(1) 人际交往经历的过程包括下列选项的哪几个阶段？（　　　）

A. 相遇　　　　　　B. 熟知　　　　　　C. 适应　　　　　　D. 依附

(2) （　　　）是一张印有个人姓名及有关内容的卡片，它是一种雅致的用于社交活动中自我介绍的文书。

A. 文书　　　　　　B. 名片　　　　　　C. 海报　　　　　　D. 简历

(3) 关于宴请的桌次安排的规则，以下选项正确的是（　　　）。

A. 以左为尊　　　　B. 以近为上　　　　C. 居中为上　　　　D. 主宾居左

(4) 在人际交往中，关于劝说的技巧包括（　　　）。

A. 以退为进　　　　B. 逻辑诱导　　　　C. 类比借喻　　　　D. 分散注意

(5) （　　　）是一个人心理素质和修养的外在表现，它能反映一个人的道德品质、思想情感、性格气质、学识教养、处世态度等。

A. 谈吐举止　　　　B. 精神状态　　　　C. 人格魅力　　　　D. 自身形象

**2. 判断题**

(1) 真诚是赞扬的前提。 （　　　）

(2) 人体语言与人的思想行为是完全一致的。 （　　　）

(3) 席次安排的具体规则有四：面门为主；主宾居右；好事成双；各桌同向。（　　　）

(4) 赠送他人礼物时可以直接询问对方喜欢什么礼物。 （　　　）

(5) 名片不需要对个人信息进行繁琐的解释。 （　　　）

(6) 客人出席宴会，主人操办宴会都需要了解基本的宴会礼仪。 （　　　）

**3. 简答题**

(1) 人际交往中塑造自身形象的原则有哪些？

(2) 人际交往中，否决的技巧有哪些？

(3) 如何克服交往中的心理障碍？

(4) 送礼忌讳什么？

(5) 名片的制作要求有哪些？

## 实践活动

了解企业公共关系活动

## 活动目的

使学生理解现实中的企业公共关系活动

## 活动安排

1. 教师与校外基地接洽，带领学生进入企业
2. 学生分组，分赴公共关系管理岗位，实地了解该岗位的礼仪训练与文书准备工作

## 教师注意事项

1. 讲解工作要点
2. 检查学生分组是否合理
3. 分小组点评，并将学生的表现计入平时成绩

## 思政案例

2012 年墨西哥总统大选将于 7 月 1 日进行，当地时间 5 月 6 日晚，四名参加大选的候选人即革命制度党候选人涅托，国家行动党候选人莫塔，民主革命党候选人奥夫拉多尔和新联盟的候选人夸德里参加了第一次电视辩论。就在几位候选人为各自的竞选纲领唇枪舌剑的时候，一名身着白色低胸露背紧身裙的女助理出现在电视画面中。这名助理名叫奥拉言，曾经是一名杂志模特，当天她负责为四名候选人分发问题卡片。虽然她只在电视镜头上出现了几秒钟，但她的着装足以吸引了全墨西哥电视观众的眼球，也引发了不同的观点。网络上出现了大量支持她的言论，而国家行动党候选人莫塔就批评说，这名助理的着装与总统大选电视辩论的严肃气氛严重不符。对此，墨西哥联邦选举委员会于 5 月 7 日发表了一份声明，向全体墨西哥人民和四位候选人道歉。

**思考：请从公关礼仪的角度分析该案例。**

## 自我学习总结

1. 主要知识
2. 主要技能
3. 主要原理
4. 相关知识与技能
5. 成果检验

# 项目三　公共关系活动策划与实施

## 教学目标

了解公共关系活动的程序；了解调查研究的基本内容；了解公共关系策划的含义及意义；了解活动实施的步骤；理解并掌握公共关系的实施原则和科学有效的公共关系策划与实施的基本程序。

## 知识目标

1. 了解公共关系活动的一般程序
2. 了解公共关系策划的含义及意义
3. 掌握具有普遍意义的公共关系策划的实施原则

## 能力目标

1. 能够了解公共关系活动的一般程序
2. 能够撰写公共关系策划书
3. 掌握公共关系实施的方法

## 素质目标

1. 能够掌握科学有效的公共关系策划实施的基本程序
2. 掌握实施公共关系方案策划的原则

## 思政目标

1. 重视调查研究，培养求真务实的公共关系工作的职业习惯
2. 增强学生行之有效的公共关系工作意识
3. 培养学生公共关系策划的"导演"或"编剧"的能力

组织的公共关系工作是针对组织的公共关系状况进行的。无论在哪个时期，组织开展公共关系工作的程序基本是一致的。一般将公共关系活动的程序分为调查研究、方案策划、实施方案、效果评估四个步骤。这四个步骤是公共关系学中的四步工作法。从整个公共关系活动的程序来看，这四个步骤虽然各自独立，但又相互衔接，前后连贯，构成一个整体。

# 任务一　公共关系调查研究

作为一个社会组织，不论是政府机关，还是企事业单位，都希望在社会公众心中树立良好的形象。企业如果不守信誉，产品质量低劣，服务态度恶劣，其在社会公众中的形象自然不堪入目。社会形象不佳的企业在市场竞争中必然处于不利的地位。

调查研究是公共关系工作程序中的第一个步骤。其目的就是了解和掌握组织的公共关系状况，即了解那些受到组织的行为和政策影响的公众的认知、观点、态度和行为的状况，同时结合组织内部的各种环境因素、人员因素、经济因素，分析出组织目前面临的问题，然后据此树立组织的新形象，为组织的公共关系工作指明方向、确立目标。

## 一、调查研究的基本内容

一般来说，无论何种类型的组织，其调查研究工作都必须从三方面进行：一是调查组织的自我期望形象；二是调查组织的实际社会形象；三是比较分析这两种形象之间的差距。只有围绕这三个方面的内容进行调查与分析，才能找出组织的自我期望形象与实际社会形象之间存在的差距，以及其他方面的问题，为下一步确立公共关系的目标打下基础。

（一）调查组织的自我期望形象

组织的自我期望形象，即一个组织自己所期望建立的社会形象。对这个问题的调查和研究应当从下列三个方面进行：

1. 领导层对组织形象的期望

组织的领导层作为整个组织的决策者和领导者，决定和掌握着一个组织发展的总目标、战略方向、重大的工作项目等。他们对于组织形象的期望，就包含和掺杂在他们所决定和掌握的这些工作之中，而并非独立或游离于这些工作之外。关于组织的领导层对组织形象的期望情况，必须通过详尽研究组织发展的总目标，发展的战略方向，重大的工作项目和重要政策，经营管理手段，并结合领导层成员大量的日常言行等，才能做出比较准确的测定。

2. 员工对组织形象的期望

一个组织的目标和政策必须得到本组织内部广大员工的认同和支持，才能有效地转化为实际的行动。员工对组织形象的期望主要表现在他们对本组织的行为和一些政策的观点、态度上。所以，员工对本组织形象的期望情况，只有通过详细地调查和研究员工对本组织的评价、要求、批评、建议以及他们在自己工作上的表现情况，才能了解和掌握。

3. 组织的实际状况和基本条件

公共关系人员了解和掌握了组织的领导层和广大员工对本组织的社会形象的期望情

况，就基本上明确了该组织的自我期望形象。但公共关系人员不能仅限于此，还必须根据该组织的实际状况和基本条件，对该组织的自我期望形象进行审定，使之既能有力地鞭策组织的全体人员，又能将组织的自我期望形象较为顺利地树立起来。这就要求公共关系人员对组织的实际状况和基本条件进行调查和研究，完整地掌握本组织在各个方面的基本资料，包括生产状况、财务状况、技术开发状况、市场营销状况、组织人事状况等。

（二）调查组织的实际社会形象

调查组织的实际社会形象，就是调查组织在其公众中的知名度和美誉度，换言之，就是调查该组织的公众对组织的知晓、态度和行为情况。

1. 调查组织的公众对组织的知晓情况

调查公众对组织的知晓情况就是调查公众对于该组织希望公众了解的有关情况，包括了解的范围、程度及其原因等。

2. 调查组织的公众对组织的态度情况

调查公众对组织的态度情况就是调查公众对组织的行为和政策的看法及意见等。组织的公共关系人员应当列出与组织的政策、行为有关的具体事项，并列出公众对于所列举的事项可能存在的态度类型，以征询公众的意见，了解和掌握公众对组织的具体评价。

3. 调查组织的公众对组织的行为情况

调查公众对组织的行为情况就是调查公众对于组织的具体政策、行为等准备或正在采取的行动情况。如哪些公众准备或正在予以合作和支持，哪些公众准备或正在进行抵制、反对等行为，这些公众为什么要这样做，他们的行为将会或已经对组织产生什么样的影响，其影响的程度和范围怎样等，都是对公众行为情况调查的内容。

（三）比较分析两种形象之间的差距

通过前面的调查，对组织的自我期望形象以及组织的实际社会形象所熟知后，下一步就要进行两者之间差距的比较分析。调查研究的主要内容除了以上所列举的几个方面，一般还包括对组织公共关系前景的调查研究，可以发现组织内部存在的隐患，预测组织可能遇到的公共关系问题。

## 二、公共关系调查研究的常用方法

公共关系的调查方法对于公共关系调查任务的顺利完成具有极其重要的作用。公共关系的调查方法多种多样，可以从多角度、多方面进行分类。以收集信息的方式为划分标准，可以将公共关系的调查方法分为观察调查法、询访调查法、问卷调查法、检索调查法、量表测量法等几种主要类型。

（一）观察调查法

观察调查法又叫实地观察法，是指调查人员亲临现场通过仔细查看的方式来获取信息的调查方法。实地观察可采用多种方式。观察者可以通过参与被观察者的活动进行观察，也可以以旁观者的身份观察，方法各有利弊。实际工作中，要综合运用各种方法，这样可以更快速、准确地收集到信息。观察调查法只能了解观察对象的行为，而对于观察对象的动机、需要、态度等心理活动则了解得不够深入。

### （二）询访调查法

询访调查法是指调查人员通过提问请对方作答的方式来获取信息的调查方法。询访调查法，按照所采用的方式或手段的不同，可分为面谈询访、电话询访等；按照有无确定格式和是否公开意图，可分为格式确定意图公开、格式确定意图不公开、格式不确定意图公开、格式不确定意图不公开等。

### （三）问卷调查法

问卷调查法是指由调查人员向对方提供问卷，并请其对提出的问题做出回答，从而获取信息的调查方法。问卷调查法的优点是可以节省人力、物力、财力，得到的信息资料便于量化处理，避免调查人员的主观偏见，减少人为误差等；缺点是难以保证回收率。

### （四）检索调查法

检索调查法是指从已经存储的信息资料中，选择并获取有关信息的调查方法。印刷信息检索主要通过查阅相关文献的目录、索引、文摘等来进行，是现阶段应用检索调查收集信息的主要方式。电子信息检索是通过计算机终端从其信息库中查找已经存储的相关资料。检索调查法具有简单、快速、节省费用、不受时空限制等优点。

### （五）量表测量法

量表测量法是指公共关系调查者根据一定的调查目的和调查任务的要求，借由测量量表对调查对象的主观态度和潜在特征进行测量，以收集公共关系信息资料的一种公共关系调查方法。

## 三、公共关系调查研究的一般过程

公共关系调查研究是按照时间先后顺序依次安排和进行的，作为一种实践性的活动与操作过程，它具有明显的阶段性，将其全过程划分为不同的阶段有利于调查研究活动的程序化、规范化和科学化。

公共关系调查研究的全过程可以划分为以下五个阶段：

### （一）调查准备阶段

调查准备阶段是公共关系调查的起始阶段和基础环节。开展公共关系活动所需信息的多寡在很大程度上取决于准备工作的充分与否。该阶段的工作主要包括以下三项：

#### 1. 确定调查任务

公共关系活动所需的信息可能千头万绪，与此相对应的调查内容也就可能十分广泛。但是任何一次公共关系活动都有具体目标、具体对象、具体要求和规定，因此调查的内容切忌包罗万象。也就是说，调查人员应该根据公共关系活动的开展目标、对象、要求和规定等确定调查内容，然后根据调查内容有的放矢地确定调查任务。

#### 2. 制定调查方案

综合考虑调查研究的目的、目标公众、准备采取的方式、调查内容、调查场所、调查时间及进度、经费开支、人员配备及培训等诸多方面的因素，设计并制定可行的调查方案。

3. 做好物质准备

相应的物质准备主要涉及调查人员、经费、设备器材三个方面，必须保证调查人员的数量和质量，保证经费支出，保证调查活动所需的器材。

（二）收集资料阶段

收集资料阶段就是具体的调查阶段，是公共关系调查过程中的核心阶段。收集资料的主要工作也就是按照公共关系调查方案的要求，深入调查现场，接触目标公众，收集相关资料。

需要特别指出的是，现场实际调查需要得到被调查者及相关组织或者人员的支持与配合，因而调查人员必须处理好各种关系，获得相关组织或人员的支持与配合。

（三）整理分析阶段

整理分析阶段是运用科学的方法对收集的各种资料进行去伪存真、去粗取精并加以归类、排列的信息处理过程。通过对收集的资料进行整理分析，实现由此及彼、由表及里、由感性认识上升为理性认识的飞跃。

（四）形成结果阶段

对调查资料进行整理分析后，一般应形成书面形式的调查结果，也就是形成一份完整的公共关系调查报告。调查报告应该集中反映调查过程中获得的信息成果和认知成果，以便组织的领导人员或决策人员参考，将调查成果应用于公共关系活动中。

对于调查报告，需要确保内容的客观性和真实性、体例的系统性和完整性以及表述的准确性和通俗性，以体现调查研究在公共关系活动中的重要地位和巨大作用。

（五）总结评估阶段

调查报告形成以后应该对整个调查过程和调查结果进行总结评估，以便有关人员更加清楚地了解调查的完成情况以及准确地掌握调查取得的成果，同时还可以总结经验教训，为以后的调查活动提供参考与借鉴。所以，总结评估也是公共关系调查研究中一个必不可少的重要步骤。

## 四、编制预算

无论是出于何种目的开展的公共关系活动，都应该考虑投入与收益的关系，公共关系策划的方案只有建立在一定的物质条件基础上，才可能成为现实。所以，编制预算也是公共关系策划的一个重要环节。

编制预算的意义在于保证方案的切实可行，并妥善安排公共关系策划的轻重缓急，还可以为总结评估提供依据。

经费预算项目可以分为行政开支和项目开支两大类。行政开支由劳动成本费用、日常行政费用和设施材料费用构成；项目开支由已经进行的项目费用、计划进行的项目费用和预测可能需要进行的项目费用三部分构成。

预算活动经费的方法主要有固定比率法、投资报酬法、量入为出法和目标先导法等。

（1）固定比率法。按照一定时期经营业务量的大小来确定预算经费总额。经营业务量可按销售额计算，也可按利润额计算，由各组织自行决定从中抽取一定百分比作为公共关系的活动经费。

（2）投资报酬法。把公共关系活动的开支当作一般投资看待，即以相同数量的资金投入获得效益的大小作为依据。

（3）量入为出法。以组织的经济实力和财务支出情况为依据，根据财力允许支出的金额确定公共关系活动经费的总额。

（4）目标先导法。先制定出公共关系活动所期望达到的目标，然后将实现这一目标所需的各项费用详细计算出来，从而计算出整个活动所需的经费总额。

## 五、审定方案

审定方案就是对公共关系策划进行再一次的分析，是方案优化的过程，也是提高方案合理程度的过程。这一点也是非常重要的，因为公共关系组织遇到的大多数问题不止一种解决办法，很可能有几种不同的方法可以同时采用，因此需要进行进一步分析。

在审定方案的过程中，主要考虑以下因素：

（1）对公共关系活动的目标进行再分析，揣度该目标是否明确，以及最终可能实现的程度如何。

（2）对限制因素，如资金、时间、人力资源、传播渠道等进行再分析，评估该公共关系活动的策划在当前的主客观条件下是否可行。

（3）对一些潜在的问题进行分析，即预测公共关系活动的计划在实施时可能发生的潜在问题和障碍，分析预防和补救的可能性。

（4）对预期的结果进行分析，判断该计划是否可以付诸实施。

## 六、撰写计划书

撰写计划书是将策划过程及其结果等与策划相关的主要内容经过整理加工转化为书面形式，形成反映最终策划成果的书面文件。

撰写计划书是为了将策划的各个工作环节和形成的初始文件进行整理加工，使之系统化、规范化、完善化。一份规范的计划书应该由封面、摘要、目录、前言、正文和署名等六部分组成。应该在封面合适的位置标明策划项目的名称、策划主体的名称、完成计划书的日期及计划书的编号。摘要应该简明扼要地表述计划书的核心内容，便于决策者了解计划书的核心内容，由此形成深刻的印象。目录部分应该列出计划书正文的章节名称，如有附件也应一并列出。前言是计划书的大纲，包括计划书撰写的宗旨、背景和意义等主要内容。正文一般包括标题、主题、目标、综合分析、活动日程、传播方式、经费预算、效果预测等内容。署名是指在计划书的最后，注明策划机构的名称或策划人员的姓名以及计划书的完成日期。

## 任务一小结

```
                                              ┌─────────────────────────┐
                                         ┌────┤   调查组织的自我期望形象   │
                                         │    └─────────────────────────┘
                    ┌─────────────────┐  │    ┌─────────────────────────┐
                    │ 调查研究的基本内容 ├──┼────┤   调查组织的实际社会形象   │
                    └─────────────────┘  │    └─────────────────────────┘
                                         │    ┌─────────────────────────┐
                                         └────┤  比较分析两种形象之间的差距  │
                                              └─────────────────────────┘
                                              ┌─────────────────────────┐
                                         ┌────┤        观察调查法         │
                                         │    └─────────────────────────┘
                                         │    ┌─────────────────────────┐
                                         ├────┤        询访调查法         │
                                         │    └─────────────────────────┘
          公         ┌───────────────────┐│    ┌─────────────────────────┐
          共         │ 公共关系调查研究的常用方法├────┤        问卷调查法         │
          关         └───────────────────┘│    └─────────────────────────┘
          系                              │    ┌─────────────────────────┐
          调                              ├────┤        检索调查法         │
          查                              │    └─────────────────────────┘
          研                              │    ┌─────────────────────────┐
          究                              └────┤        量表测量法         │
                                              └─────────────────────────┘
                                              ┌─────────────────────────┐
                                         ┌────┤        调查准备阶段        │
                                         │    └─────────────────────────┘
                                         │    ┌─────────────────────────┐
                                         ├────┤        收集资料阶段        │
                                         │    └─────────────────────────┘
                    ┌───────────────────┐│    ┌─────────────────────────┐
                    │ 公共关系调查研究的一般过程├────┤        整理分析阶段        │
                    └───────────────────┘│    └─────────────────────────┘
                                         │    ┌─────────────────────────┐
                                         ├────┤        形成结果阶段        │
                                         │    └─────────────────────────┘
                                         │    ┌─────────────────────────┐
                                         └────┤        总结评估阶段        │
                                              └─────────────────────────┘
                    ┌─────────────────┐
                 ───┤      编制预算      │
                    └─────────────────┘
                    ┌─────────────────┐
                 ───┤      审定方案      │
                    └─────────────────┘
                    ┌─────────────────┐
                 ───┤      撰写计划书     │
                    └─────────────────┘
```

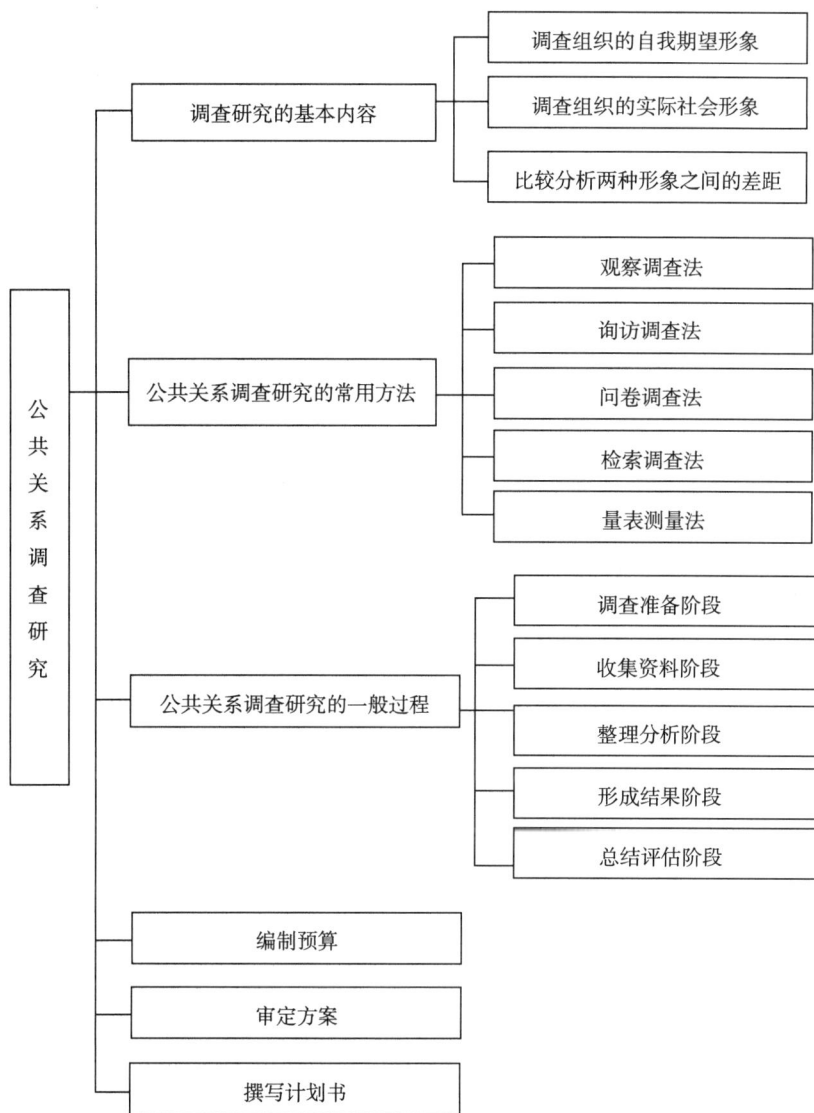

## 知识技能检测

### 一、课堂讨论

（1）讨论组织的自我期望形象和组织的实际社会形象的区别。

（2）讨论几种常用的公共关系调查方法的弊端。

（3）讨论公共关系调查的一般过程。

（4）讨论公共关系调查研究的复杂性。

## 二、课后自测

**1. 选择题**

(1) 组织的自我形象的期望包括（　　　）。

A. 领导对组织形象的期望　　　　　　　　B. 员工对组织形象的期望

C. 社会对组织形象的期望　　　　　　　　D. 组织的实际状况和基本条件

(2) 公共关系调查研究的常用方法有（　　　）。

A. 观察调查法　　　　B. 询访调查法　　　　C. 问卷调查法　　　　D. 检索调查法

E. 量表测量法

(3) 公共关系调查研究的准备阶段要做好物质准备，相应的物质准备主要涉及（　　　）等三个方面，确保调查的顺利开展。

A. 调查人员　　　　　B. 经费　　　　　　C. 设备器材　　　　　D. 时间

**2. 判断题**

(1) 审定方案是对公共关系策划进行的第一次分析。　　　　　　　　　　（　　　）

(2) 组织的领导层决定和掌握着一个组织发展的总目标、战略方向、重大的
工作项目等。　　　　　　　　　　　　　　　　　　　　　　　　（　　　）

(3) 一个组织的目标和政策只需要得到本组织领导层的认同和支持就可以进行
下一步工作了。　　　　　　　　　　　　　　　　　　　　　　　（　　　）

(4) 问卷调查法的优点是节省人力，缺点是难以保证回收率。　　　　　　（　　　）

**3. 简答题**

(1) 检索调查法的优点是什么？

(2) 简述行政开支和项目开支的费用构成。

(3) 预算活动经费的方法主要有哪些？

## 实践活动

参与企业实际公共关系调查研究的工作

## 活动目的

完成较复杂情况下的公共关系调查研究及报告的撰写

## 活动安排

1. 教师与校外基地接洽，带领学生参与企业的实际项目

2. 学生分组，参与公共关系调查研究计划的制订，讨论并撰写调查研究报告

## 教师注意事项

1. 引导学生参与公共关系活动项目的调查研究

2. 学生分组讨论并制定公共关系活动方案

3. 分小组点评，并将学生的表现计入平时成绩

## 思政案例

2022年夏天，"钟薛高"雪糕品牌可是"狠狠地"伤了消费者的心，它被消费者称为"雪糕刺客"里的"超级刺客"。目前的"钟薛高"离国货之光的目标还很遥远。如果"钟薛高"有一个定位，它只能是"营销之光"，而非"国货之光"。"钟薛高"在销售价位上一直对消费者保持着高姿态。之所以能维持这一状态，是因为"钟薛高"在销售中拥有"底气"、拥有本钱。"钟薛高"自诞生以来创造了不少销售奇迹。"钟薛高"仅成立16个月，营业收入就突破了1亿元；截至2022年5月，"钟薛高"的累计雪糕出库数为2.2亿片。

"钟薛高"的高销量不禁让消费者疑惑，这个远超市场价格的雪糕为什么卖价如此昂贵？为什么如此受消费者欢迎？其实，"钟薛高"之所以受消费者喜爱，是因为它抓住了消费者的"命门"。"钟薛高"的老板林盛在产品上市之前进行了大规模的市场调研及企业外部公众调研评测，分析了企业的公共关系环境，询问了行业专家，了解到经济学中的著名效应——"凡勃伦效应"，即商品定价越高，越容易受到消费者的喜爱。高定价，满足了消费者对品质生活、高端范的追求。林盛对"钟薛高"的定位是高端品牌，所以自"钟薛高"诞生伊始，林盛就把"钟薛高"往高端范、品质化方向打造。雪糕外形符合一二线白领的审美后，林盛便把重点放在了营销上。当时，国内"网红"盛行，流量当道。林盛把握住了这一时机，开始借助网络达人和社交媒体来营销"钟薛高"。在其他雪糕品牌还在为传统零售业绩苦苦挣扎时，林盛已经开始结合互联网，运用电商模式营销"钟薛高"。

**思考：结合此案例，分析公共关系调研与产品定位之间的关系。**

## 自我学习总结

1. 主要知识
2. 主要技能
3. 主要原理
4. 相关知识与技能
5. 成果检验

# 任务二　公共关系策划

谋划对策，在公共关系的工作程序中通常被称为公共关系策划。公共关系策划是指公共关系策划者为实现组织的公共关系目标，对公共关系活动的性质、内容、形式和行动方案进行谋划与设计的思维过程，它是公共关系实务工作中一个极其重要的环节。

## 一、制定目标

公共关系活动的目标，即公共关系人员经过努力要达到的目的以及衡量这一目的是否达到的具体指标。在确定公共关系目标时要注意：

第一，分目标必须服从总目标，也就是说公共关系策划所确定的目标必须符合组织运行的整体目标。

第二，目标必须有客观依据，必须针对组织面临的具体问题来制定。

第三，目标必须具有明确性。目标的含义要确切、具体，不能模棱两可。

第四，目标必须具有可行性。确定的目标应该符合实际，经过努力能够实现。

第五，目标必须具有可控性。确定的目标应该留有余地，具有一定的伸缩性，在出现预想不到的情况变化时可以采取应变措施来实现目标。

## 二、确定公众

组织的公共关系活动目标的差异性决定了公共关系活动对象的区别性。在公共关系策划过程中，必须根据实现目标的需要，去确认在组织的广大公众中哪些是该项公共关系活动必须关注、交流和影响的目标公众。确定目标公众的方法一般包括以下几种：

（1）以活动目标来划定公众范围。这种划分主要强调的是目标公众与活动之间的关联性。

（2）以对组织的重要性来确定目标公众。在公共关系实践活动中，有时组织将有关公众按与组织关系的密切程度、影响的大小程度、相关事件的急缓程度等因素进行分析，选出最为重要的公众作为目标公众。这种划分主要强调的是重要性。

（3）以组织的需要来确定目标公众。例如，当组织出现形象危机时，目标公众应首先为组织的逆意公众和行动公众，需防止危机的扩散和加剧。不同的组织对于每次的公共关系活动确定谁为目标公众，很难有统一的标准，基本的原则是考虑组织的活动目标、重要性和需要等因素，由组织自己灵活确定。

## 三、拟定主题

主题是指公共关系活动中连接所有项目、统率整个活动的思想纽带和思想核心。提炼公共关系活动的主题是公共关系策划过程中一个极其重要的环节。拟定主题，需要有创意，但不能为此故弄玄虚，故作高深。

提炼和拟定主题应当注意以下几点：

### 1. 目标的一致性

拟定主题是为了更好地凸显公共关系的目标，主题必须与公共关系活动的目标保持一致，并服务于目标。偏离目标的主题会给公众造成错觉，产生误导。因此，对于拟定主题，策划者一定要慎重。

### 2. 主题的实效性

好的主题不在于华丽的辞藻、娴熟的技巧，而在于产生的实效。主题的实效性，一是看表现是否符合公共关系活动的客观实际；二是看表现是否能真正地打开公众的心扉，切中公众的心愿；三是看社会效果，但一味地哗众取宠、迎合低级趣味的主题是要不得的。

### 3. 主题的客观性

公共关系活动的主题要展示公共关系精神，体现时代气息，要降低商业性，减少宣传。总之，主观性不要太强，以免引起公众的反感。

### 4. 主题的新颖独特性

在传播技术长足发展、各种信息扑面而来的当今社会，没有个性的信息如同过眼烟云，不会给人留下深刻的印象。只有通过主题将策划对象的信息个性化体现出来，使其新颖独特，从而产生强烈的感召力和巨大的影响力。

### 5. 主题的通俗简练性

公共关系活动主题的表现形式多种多样，甚至可以是一句简短、鲜明的口号。不过，主题必须是统率整个活动、连接各个活动项目及各个步骤的纽带，为某个公共关系目标服务。

## 四、选择时机

时机，简而言之，就是时间的变化所带来的机会。从传播学的角度来说，时间是影响传播效果的重要因素之一。能否捕捉并抓住有利的时机，已成为衡量公共关系策划水准的最为重要的依据之一。时机具有不可逆转性，公共关系策划必须抓住不可复得的机会，迅速果断地采取对策。选择时机时，应当注意以下几点：

第一，尽量选择那些能够引起目标公众关注，又具有潜在新闻价值的时机。

第二，要善于利用节日，去做可借助节日来传播组织信息的项目，但同时又要学会避开节日。与节日毫无关系的活动项目不但不能借节日之势，反而会被节日的气氛冲淡效果。

第三，要尽量避开或利用国内外重大事件的时机。

第四，不要同时开展两项以上重大的公共关系活动，以免分散人们的注意力，削弱和抵消自身应有的效果。

## 五、选择媒介

媒介，即公共关系信息传播的载体。公共关系的工作对象的复杂性、公共关系传播内容的广泛性和传播形式的多样性，都决定了公共关系传播媒介的包容性。

要达到预期的传播效果，公共关系的策划者必须熟悉各种媒介，了解各种媒介的优缺点，善于通过巧妙组合的方式，达成优势互补、交相辉映的整合性传播效果。常见的传播媒介有以下几种：

第一，人际传播媒介，指人与人之间相互交换社会信息的方式，主要包括个人之间的面对面交谈、书信来往、电话联系等。

第二，群体传播媒介，指组织之间交流信息的方式，包括各种座谈会、新闻发布会、联谊会以及一般性的会议等。

第三，大众传播媒介，指大众借助各种传媒了解信息的方式，主要包括报纸、杂志、广播电台、电视台、各种展览会及宣传材料等，还包括网络媒介。网络也是一种大众媒介，即利用网页和电子邮件传播信息，也被称作第四媒介。

## 六、公共关系策划的基本要素

依据公共关系策划的定义，我们可以概括出组织公共关系策划的五大基本要素：

### （一）公共关系的策划者

组织的公共关系策划是组织的公共关系活动中最为重要的一个环节，它是由高层次的公共关系人员来完成的。人们通常把组织公共关系人员分为三个层次：一是具体操作者，其主要任务就是做好礼仪、接待工作；二是组织指挥者，其主要任务是沟通内外信息，协调各种关系，塑造组织良好形象；三是公共关系专家顾问，他们是组织公共关系活动的主要策划者。

### （二）公共关系的策划对象

公共关系的策划对象是策划的客体，是根据现实的公共关系目标或就解决的公共关系问题而确定的传播沟通对象。它既可以是公共关系策划所要针对的某一组织，也可以是需要更深、更新地了解策划主体有关信息的一般公众。

### （三）公共关系的策划环境

任何策划都是在一定的策划环境中进行的。公共关系的策划环境既包括对策划有利的条件，也包括对策划不利的条件。在进行公共关系策划之前，组织必须弄清楚自己所处的具体境况，这是公共关系策划的出发点和依据。

### （四）公共关系的信息

公共关系调查的目的是获得公共关系的信息。公共关系的信息是指一切与公共关系活动有关的，通过文字、数据、信号等形式表现出来的，可以传播、复制和处理的对象。公共关系策划通过对信息的收集、传输、加工，把信息作为原材料加以应用。公共关系的信息必须是准确、及时、全面的，其中及时最为重要。

## 七、公共关系策划的基本特征

从公共关系策划定义的角度来分析，公共关系策划应该表现出以下特征：

## （一）目的性

公共关系策划工作具有明确的目的性。一般的公共关系策划工作，其目的在于促进公共关系活动从无序转变为有序，从模糊转变为清晰。任何总目标的实现均不能一蹴而就，在一定的时间内，受一定的人力、物力、财力约束，任何组织只能就某个具体目标进行公共关系策划的设计，只有各具体目标逐项实施后，才有可能实现总目标。因此策划设计的目的性，体现为总目标与具体目标的统一。

## （二）创新性

公共关系策划的思维是一种创造性思维。策划设计往往追求独创性，以新颖的策划设计方案来提高公共关系活动成功的概率。公共关系策划依靠公共关系人员的创造性思维，遵循公共关系的基本原则，产生别具一格、标新立异的效果。

## （三）计划性

计划性即按照组织的公共关系目标，根据公共关系活动的特点，有计划、分步骤地实施公共关系策划，使公众的观点与行为朝着对组织有利的方向发展。要想顺利地实现组织的目标，就必须有一整套经过周密运筹后制订的系统性计划。

## （四）思想性

公共关系策划的过程是一种思维的过程，它受到人脑的制约，通过策划者对社会环境、企业组织的条件和策划目标等因素的分析来完成。不同的文化背景会出现不同的思维方式，不同的思维方式会产生不同的谋略策划。

## （五）针对性

公共关系策划没有统一的、一成不变的模式。它受制于组织所处的外部环境、自身条件和公共关系状态以及策划者本身的创造性思维方式。它通过设计公共关系方案，并运用各种公共关系手段，有效地开展公共关系活动，以期实现公共关系目标。不同的组织在不同的外部环境条件下，需要策划不同的公共关系方案，这说明公共关系策划工作一定要有针对性。

## （六）调适性

进行策划设计时，应考虑条件的变化，适时适度地调整公共关系策略，必要时还需要调整公共关系的目标。这要求策划设计者时刻关注条件变化对实现公共关系目标的影响，使策划设计方案具有一定的灵活性，可以随时根据条件的变化进行灵活的调整。

## 八、公共关系策划应遵循的原则

### （一）价值导向原则

价值导向原则是公共关系策划的基本原则。价值导向原则的具体含义，即组织的公共关系策划必须以组织明确的价值观念为导向，不能无视或偏离组织的价值观念，否则，公共关系策划就会失去其"灵魂"，乃至损害组织的形象。

## （二）真实性原则

真实性原则也称科学性原则或客观性原则。它包括两个方面的含义：其一，在进行公共关系策划时，必须尽可能全面地收集各类信息，客观地整理、分析各种信息；其二，策划程序和步骤必须符合科学的规则与逻辑。

如前所述，公共关系策划不仅需要价值前提，而且需要事实前提。事实前提是公共关系策划赖以存在的信息要素，因为公共关系策划既是一种决策，也是一种预测。作为决策和预测，如果缺少了信息要素，那就是无法想象的。

## （三）新奇性原则

公共关系策划是一种创造性活动，而不是一种重复性的机械劳动，它与因循守旧、墨守成规、不思进取的行为是格格不入的。它推崇标新立异、独辟蹊径、大胆创新、奇中取胜，也就是所谓的新奇性原则。新奇性原则的关键在于公共关系策划要新颖别致，其创意要独具匠心、奇妙绝伦。新奇性原则要求做到：新颖、奇异、独特。

## （四）灵活性原则

公共关系策划是建立在对现有信息的收集、分析基础上的。它对信息的分析及情境发展趋势的预测，受策划者的经验、知识和认知方式的影响，因而不可避免具有局限性。这就要求在进行公共关系策划时，必须遵循灵活性原则，即应使所选定的公共关系方案具有充分的回旋余地，对各种可能出现的新问题、新情况、新动向，制定具体的应对措施和应变手段，从而使公共关系策划既周密可行又灵活主动。

## 九、公共关系策划的科学思维

科学的公共关系策划需要运用逻辑思维和理性思维，遵循科学的程序和通常的规则。公共关系从业人员必须全面掌握公共关系的基本知识，熟悉公共关系策划的要求和方法，善于利用理论型思维和逻辑思维。这也是对公共关系策划者最基本的要求。具体来说，公共关系策划的科学思维有以下几种：

### （一）经验思维

经验思维是通过联想，运用既往经验解决当前类似问题的思维方式，适用于一些简单的情况和问题。经验思维的前提是经验的积累和分类，其思维运用的过程则是判断当前的情况，沟通当前与过去的联系，回忆、寻找、选择曾经产生最佳效果的行为方式。

### （二）逻辑思维

这是用科学的抽象概念揭示事物的本质，表达认识现实的结果，并在人们的认识过程中，借助概念、判断、推理等，反映现实的过程，是具有严密科学性的思维方式。逻辑思维过程要完全符合客观规律，并挖掘思维者已有知识，以保证思维的科学性。

### （三）系统思维

系统思维是要求公共关系策划人员在策划公共关系活动时，运用系统的观点，从系统的整体与要素之间，目标与结构、功能之间，系统与外部环境之间的相互联系、相互作用中，综合、精确地考察对象，揭示其规律性，从而寻求公共关系策划的最佳观念模型。系统思维的总体要求是要抓住系统客观存在的三个特征，即目的性、整体性、层次性。

（四）创造性思维

公共关系策划的创造性思维决定了公共关系活动整体的成功与否。如何策划、制定出富有创意的公共关系方案，不仅仅取决于策划者广博的知识面及良好的公共关系专业素质，更取决于策划者良好的创造性思维素质。从一定意义上说，公共关系策划所倚仗的完全是公共关系人员的创造性素质，而其创造性素质的核心无疑是创造性思维能力。

1. 逆向思维

逆向思维又称反向思维，是直线性单向思维的一种，与此相对的单向思维是顺向思维。顺向思维是人们习惯上的思维方向，思维的先后顺序是一种定式。逆向思维反其道而行之，使思维顺序逆向进行。

2. 多路思维

多路思维又称多向思维，不同于直线性单向思维，它是围绕目标、多向追寻、方案选优的思维方法。公共关系策划中运用多路思维，可以帮助公共关系策划人员开阔视野和思路，从多个角度考虑问题，进行创意，形成更好的活动策划方案。

3. 形象思维

形象思维是人们不脱离直观形象和表象而进行的思维活动。这种思维主要采用典型化的方式进行概括，并利用形象的材料（图形、图表、实物等）来帮助思维，又称为艺术思维。形象思维的创造性想象，根据一定的目标、对象和任务，对头脑中接收、存储的各种信息进行加工、排列、重新组合，创造出新奇的形象。

4. 直觉思维

直觉思维是一种不受理性思维的逻辑过程约束，能够直接领悟事物本质的特殊思维方式。直觉思维的创造性作用主要体现在两方面：一是作为科学的发现、发明，以及艺术创造的先导；二是作为应急决策的重要工具。

5. 群体思维

群体思维是指建立在公共关系策划者个体思维基础之上的有关群体的思维能力和思维方式。群体思维是相对个体思维而言的，用系统科学的观点来看待群体思维，它是一种发挥整体创造效应的创造性思维方式。公共关系人员在策划公共关系活动时，可以利用群体的思维方式，发挥群体的创造性。

综上所述，公共关系策划有多种思维方法。公共关系策划人员应尽可能地学习和掌握这些思维方法，以保持思维手段的多样性，不断提高自身整体的思维水平，提高公共关系活动的策划水平。

## 十、公共关系策划的方法

公共关系策划，无论是创意或制定方案，还是实施活动的全过程，都是一个运用科学思维，特别是创造性思维的过程。公共关系策划人员应该了解科学思维的特点，更重要的是，应该灵活掌握运用科学思维的技巧和方法。

（一）集思广益法

集思广益法有三种形式：

1. 头脑风暴法

它原是精神病理学上的用语，指精神病患者头脑不受控制的状态，后来被引入创造学，意为无限制的自由联想和讨论，其目的在于产生新观念或激发创新设想。但与自由闲聊不同，它有科学的规则，其核心是高度自由的联想。

2. 发展型自由讨论法

发展型自由讨论法，国外称"哥顿法"。其方法的前半部分与头脑风暴法一样，让大家就某一方面的问题尽情漫谈；经过一段时间的讨论后，主持人在适当的时机将会议的目的、意图和盘托出，使问题具体化、明确化，从而引导大家进一步探讨。这种方法通常需要 3 个小时，对于扩展自由联想的成果是行之有效的。这种方法对于确定方案、修正方案极为有效。

3. 对演法

对演法也称逆头脑风暴法。头脑风暴法提倡高度自由的联想，禁止批评；对演法则是靠相互批评激发创造性。其方法是分两组制定出目标方案，通过唱对台戏的方法进行辩论，攻对方所短，充分揭露问题，使新见解更加成熟、完善。这种方法对于准备报告上级或将方案交付于客户前的自我审查非常适用。

（二）默写法

默写法可以激发我们的创造灵感，在较短的时间里有效地发挥集体智慧，提出创造构想。默写法的优点是可以让每个人充分地独立思考，避免一些可能产生压抑的因素或因无法及时发言而使设想遗漏等问题，其优点是时间短、效率高。

（三）匿名咨询法

匿名咨询法是一种比较先进的适用于调查研究和科学预测的方法。一般的策划研讨会在讨论时往往"仁者见仁、智者见智"，其结果也会受到与会者心理及开会时间、环境等因素的干扰。匿名咨询法，可以使参与者更轻松地表达自己的想法。

（四）排列法

排列法是指在创造过程中，对事物的特性一一列举，然后进行排列，分清主次，从而联想设计的方法。它是进行组织"诊断"、理清思路的好方法。排列法可分为特性排列法、缺点排列法和希望点排列法等。

（五）检核表法

检核表法是先根据策划需要列出有关问题，然后逐个核对，展开思路。它几乎可以适用于任何活动的策划，有"创造技法之母"之称。

（六）模拟策划思路法

公共关系策划就其本质来讲，是进行科学思维的过程，是创造的过程；就其现象来看，是时间、空间与招数组合与预演的过程。公共关系策划采取不同的思维方法或者不同的时间、空间与招数，会形成不同的策划思路或策划方法。

1. 直接效仿法

直接效仿法就是借别人成功的招法为"我"所用，是一种模仿或者借鉴之法。模仿是人类的天性，人的学习过程在很大程度上就是模仿的过程。对于公共关系策划的新手来讲，模仿他人的策划手段和方法是一种比较实际的办法。

2. 目标延伸法

目标延伸法是根据组织的具体公共关系目标来延伸推导，寻求实现目标的最佳途径的公共关系策划的方法。这是一种顺向的发散性思维过程，其思维顺序为：组织目标—影响目标实现的主要因素或条件—创意。

3. 借名播誉法

借名播誉法是借助社会名流的知名度和美誉度来提高组织的知名度和美誉度的方法，是一种借势之法。社会各界的权威人士、知名人士本身就具有新闻性，会产生"名人效应"。利用"名人效应"，有益于提高组织的知名度和美誉度。

4. 借题发挥法

借题发挥法是利用某种时机、某种态势，因势利导地进行公共关系策划的方法，也是一种借势之法。这里的"题"是指特定的时机、场合或事件。借题发挥法在应用时，要注意以下几点：第一，要善于识别机会、把握机会、利用机会；第二，一般来讲，该方法所表现的内容应同"题"相符；第三，要有独创性。

5. 巧合主旨法

巧合主旨法是借题发挥的一种特殊形式，是借题发挥法的延伸。利用相同的字眼、不同的概念来制造戏剧性效果，可增强宣传的效果，增强活动对公众的吸引力，从而提升公共关系活动的影响力。

6. 制造新闻法

制造新闻法是公共关系人员通过精心策划，制作出具有轰动效应的事件来吸引新闻界及公众注意的方法。它是一种同中求异的思路，一种造势之法。这种方法在运用过程中的关键在于制造具有轰动效应的事件。

7. 变害为利法

变害为利法就是变组织发展的不利因素为有利因素的方法。此种策划思路的关键是深刻分析不利因素的表现及原因，通过有效的公共关系手段促进不利因素向有利的方面转变，有意识地对自身的不足和缺点进行宣传等。

8. 发挥优势法

发挥优势法又称扬长避短法，是针对本组织的优势进行公共关系策划的方法。公共关系人员应该在学习中积累广博的理论和知识，阅读大量公共关系策划案例，勇敢地投身于实践，在实践中训练自己科学的思维能力，挖掘自己的创造力，巧妙地运用策划的方法，提高自身的公共关系策划水平。

## 任务二小结

```
                        ┌─ 制定目标
                        ├─ 确定公众
                        ├─ 拟定主题
                        ├─ 选择时机
                        ├─ 选择媒介
                        ├─ 公共关系策划的基本要素 ─┬─ 公共关系的策划者
                        │                      ├─ 公共关系的策划对象
                        │                      ├─ 公共关系的策划环境
                        │                      └─ 公共关系的信息
                        │
公共关系策划 ─────────────┤                      ┌─ 目的性
                        │                      ├─ 创新性
                        ├─ 公共关系策划的基本特征 ─┼─ 计划性
                        │                      ├─ 思想性
                        │                      ├─ 针对性
                        │                      └─ 调适性
                        │
                        │                      ┌─ 价值导向原则
                        ├─ 公共关系策划应遵循的原则─┼─ 真实性原则
                        │                      ├─ 新奇性原则
                        │                      └─ 灵活性原则
                        │
                        │                      ┌─ 经验思维
                        ├─ 公共关系策划的科学思维 ─┼─ 逻辑思维
                        │                      ├─ 系统思维
                        │                      └─ 创造性思维
                        │
                        │                      ┌─ 集思广益法
                        │                      ├─ 默写法
                        └─ 公共关系策划的方法 ───┼─ 匿名咨询法
                                               ├─ 排列法
                                               ├─ 检核表法
                                               └─ 模拟策划思路法
```

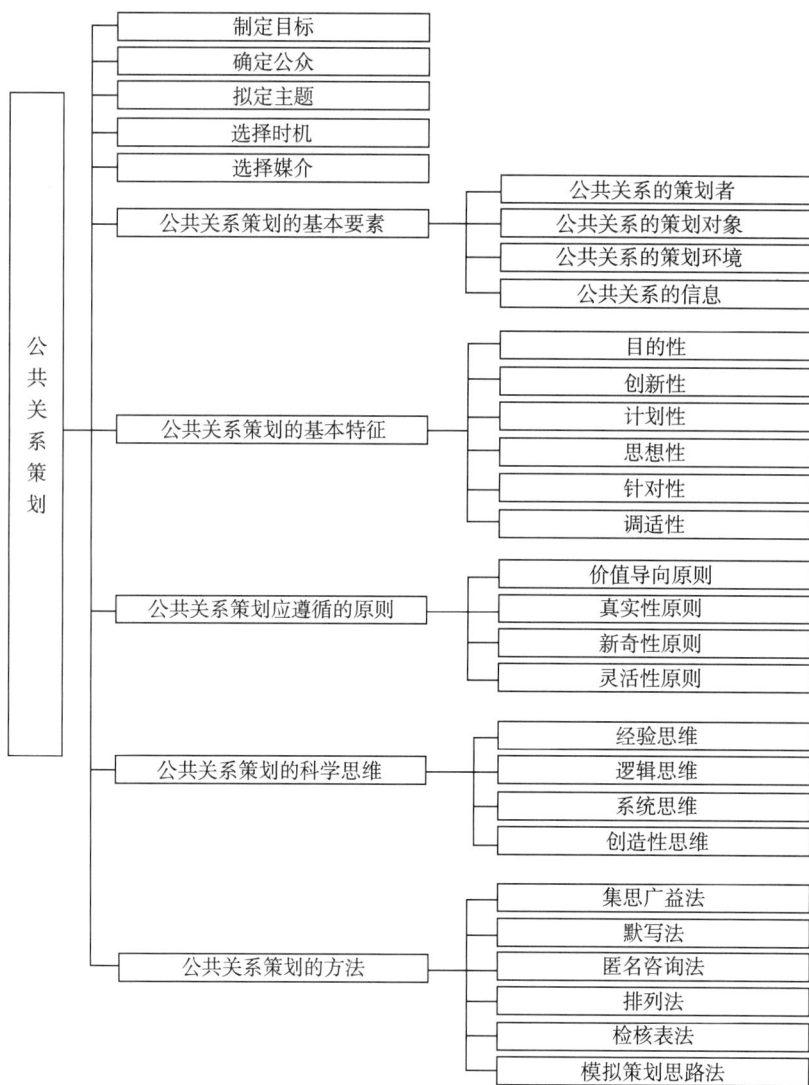

## 知识技能检测

### 一、课堂讨论

(1) 讨论公共关系策划在整个公共关系活动中的地位。

(2) 讨论在公共关系策划中，拟定主题时应注意的事项。

(3) 讨论大众传播媒介和网络媒介的区别。

(4) 讨论公共关系策划方案的意义。

## 二、课后自测

**1. 选择题**

(1) ( ) 是指公共关系活动中连接所有项目，统率整个活动的思想纽带和思想核心。

A. 目标
B. 主题
C. 时机
D. 公共关系的策划方法

(2) 拟定主题时要注意 ( )。

A. 与目标一致
B. 主题要主观
C. 主题要繁杂
D. 主题要独特

(3) 明确公众对象的方法有 ( )。

A. 根据活动目标划定公众范围
B. 根据组织实力划定公众范围
C. 根据组织需要划定公众范围
D. 根据领导指示

(4) 在确立组织公共关系活动的目标时，应注意 ( )。

A. 目标必须是具体的
B. 目标必须是可测量的
C. 目标应该是能够达到的
D. 目标要有时间限制

(5) ( ) 是公共关系信息传播的载体。

A. 组织内部的员工
B. 组织内部的领导人员
C. 媒介
D. 公共关系的策划方案

**2. 判断题**

(1) 公共关系策划的"灵魂"在于创新。 ( )

(2) 公共关系策划方案应该切实可行，没有可行性的方向，即使是再完美的创意和内容，也不会有丝毫的意义。 ( )

(3) 公共关系目标是公共关系活动的方向，不是公共关系活动成功与否的衡量标准。 ( )

(4) 组织的公共关系活动目标的差异性决定了公共关系活动对象的区别性。 ( )

**3. 简答题**

(1) 公共关系策划的基本特征有哪些？
(2) 公共关系策划应遵循的原则有哪些？
(3) 公共关系策划的基本要素有哪些？
(4) 共关系策划的科学性思维有哪些？

**4. 案例分析题**

对于"五菱"这个汽车品牌，或许大部分网友都停留在"秋名山车神"这个网络梗上。上汽通用汽车有限公司对于"五菱"的定位就是廉价车，此前的"五菱宏光"也是四五线城市民众的首选，本身非常"接地气"。2020 年，"五菱"凭实力再次出圈。

新型冠状病毒感染疫情突袭而至，口罩一时间成为紧缺物资。于是，"五菱"于 2020 年 2 月开始改造生产线转产医用口罩，并且打出了"人民需要什么，五菱就造什么"的旗号。"五菱"生产口罩一事，瞬间在社交媒体发酵，并登上微博热搜榜。

2月15日，央视新闻联播报道《战疫情　中国制造跑出中国速度》时，点赞"五菱"仅用了三天时间就完成了10万级无尘车间改造、设备安装调试等一系列工作，并取得了民用防护口罩的研发、生产、销售资质。

5月开始，地摊经济逐渐火热，全国掀起了一股全民摆摊的风潮。"五菱"借此抓住了商机。6月2日，"五菱"公众号发布文章《五菱翼开启售货车——地摊经济的正规主力军!》，推出"地摊神器"——"五菱荣光小卡翼开启"和"五菱荣光新卡翼开启"两款车型，一上线就有了火爆的销量，订单甚至排到一个月后。

**思考：请结合本案例，点评这次公共关系策划运用的具体方法。**

## 实践活动

参与企业公共关系策划方案的编写

## 活动目的

完成较复杂情况下的公共关系策划方案、报告的编写

## 活动安排

1. 教师与校外基地接洽，带领学生参与企业实际项目
2. 学生分组，参与公共关系策划方案的制定，讨论并写出报告

## 教师注意事项

1. 引导学生参与公共关系活动项目
2. 学生分组讨论并制定公共关系活动方案
3. 分小组点评，并将学生的表现计入平时成绩

## 思政案例

"72小时"是"周末＋1"法定节假日小长假的时长，非常符合短途自驾游民众的出行需求。2019年，基于内蒙古丰富的自驾游资源，面向北京、天津、沈阳等周边城市游客群，中青旅联科公关顾问有限公司为内蒙古自治区文化和旅游厅策划推出了国内首个将时间概念打造为自驾的旅游品牌——"72小时自驾内蒙古"，力求促进内蒙古旅游和周边市场的联动。

"72小时自驾内蒙古"面向周边游客群、省内游客群和自驾游客群，推出20条短途自驾游线路，深度展现了内蒙古丰富多元的文旅资源，并以主题路书攻略、图文视频等多元形式，通过近万块楼宇电梯广告屏、户外广告、杂志报纸等线下渠道，以及自驾游垂直类App及朋友圈广告等线上平台，针对目标客源城市精准推广，整体传播覆盖量达1.9亿人次。除入选文化和旅游部《全国国内旅游宣传推广典型案例名单》外，"72小时自驾内蒙

古"项目还赢得了博鳌国际旅游奖年度节庆活动大奖、IAI 国际旅游奖银奖!

　　阅读以上材料，回答问题：

　　(1) 此案例中反映了公共关系策划中的哪些原则？

　　(2) 从公共关系策划的角度来看，该策划的构思和设计好在哪里？

# 任务三　公共关系策划方案的实施

公共关系策划方案的实施也叫公共关系实施，是在公共关系计划方案被采纳以后，将方案所确定的内容转变为现实的过程。实施方案在公共关系活动中是紧接在谋划对策之后的第三个步骤，也是解决公共关系问题、实现公共关系目标的关键环节。

## 一、实施的方式

实施公共关系方案，要根据不同类型的公众对象、不同类型的组织机构及其发展过程中的不同阶段，分别采取适合的工作方式，才能实现预期的目的。比较行之有效的公共关系的工作方式有以下几种：

### （一）宣传式工作方式

宣传式工作方式即利用各种传播媒介，向组织的内外公众传播本组织的信息。向内部公众宣传，目的是让他们了解本组织发展的成就与面临的困难，以及正在采取的措施与行动，以取得内部全体公众的理解和支持。向外部公众宣传，目的是让社会公众迅速获得对组织有利的信息，以形成良好的社会舆论。

### （二）交际式工作方式

交际式工作方式指不借助其他媒介，只在人际交往中开展公共关系的活动。通过各种招待会、座谈会、茶话会等人与人的直接交流，为本组织建立广泛的社会关系网络，以提高本组织的社会地位。交际式工作方式的特点是富有人情味，具有直接性、灵活性，给人以亲切感。

### （三）服务式工作方式

对于一个社会组织来说，自我宣传对于树立组织的良好形象固然十分重要，但起决定作用的还是提高组织的服务水平。只有不断增强服务意识，端正服务态度，丰富服务内容，掌握服务技巧，实行有效的服务，才能赢得公众的好评。服务式工作方式的特点是具体、真实、效果显著。

### （四）赞助式工作方式

赞助式工作方式即通过有组织的社会性、公益性、赞助性活动，扩大组织的社会影响力，提高组织的社会声誉，赢得公众的了解、赞赏和支持，为树立组织的良好社会形象创造条件。

### （五）征询式工作方式

征询式工作方式即通过信息采集、舆论调查、民意测验等手段，了解民情民意，为组织的管理决策提供咨询，使组织目标与方案的实施尽量与公众的利益要求一致。由于公共关系的活动是发展变化的，因此公共关系的工作方式没有固定不变的模式。公共关系的工作中最忌讳的就是墨守成规，生搬硬套。

## 二、实施的原则

公共关系的实施是一个复杂而科学的过程，客观上还需要有一套科学的实施原则做指导。公共关系实施的原则是公共关系实施的工作准则，是公共关系管理者和操作者在错综复杂的实施环境中，排除各种实际困难，完成公共关系实施的各项工作，实现公共关系目标的成功法则。

### （一）目标导向原则

目标导向原则是指在公共关系计划实施过程中，保证公共关系实施活动不偏离公共关系计划目标的实施原则。不同的目标有不同的控制主体、客体和手段。在公共关系实施中，目标控制的主体是实施公共关系计划的社会组织，客体是组织面对的公众，手段就是目标本身。

### （二）控制进度原则

控制进度原则就是必须按照公共关系实施方案中各项工作内容、实施时间、进度的要求，随时检查各项工作内容的完成进度，及时发现滞后和超前的情况，做好协调与调度，使各项工作按计划协调进行，并确保按时完成。

### （三）整体协调原则

整体协调原则是指在公共关系实施过程中，要使各项工作内容之间达到和谐、合理、配合、互补和统一的状态。公共关系实施是一项系统工程，各项工作只有相互有机配合才能达到整体最佳的效果。整体协调的目的是要形成全体实施人员思想观念上的共同认识和行动上的一致，保证实施活动的同步与和谐。这样才能提高工作效率，减少或杜绝人力、物力或财力的浪费，保证公共关系目标的实现。

### （四）反馈调整原则

反馈调整原则是指通过监督机制，及时发现公共关系实施中的方法偏差甚至错误，并及时进行调整与纠正。由于各种因素的干扰，或由于实施人员的素质问题，不能按照既定工作方法实施的情况时有发生；此外，由于策划设计错误，或由于实施环境突然发生变化，致使原来设计的实施方法无法操作，这些都是实施中的严重问题。在公共关系策划方案的实施阶段，这种反馈调整应始终不断地进行，直至实现方案目标。

## 三、实施障碍的排除

在公共关系的实施过程中，还要排除各种可能影响和阻碍公共关系实施的因素所造成的实施障碍。影响公共关系实施的因素是众多而复杂的，但主要有两种类型：实施主体障碍和实施过程中的沟通障碍。

### （一）实施主体障碍

实施主体障碍主要是来自实施主体（组织）自身的影响因素，产生这种障碍的主要原因有：

**1. 实施人员障碍**

要排除来自实施人员的障碍，关键是选择优秀的实施人员并进行严格的培训，建立一套有效的激励机制和约束机制。

**2. 目标障碍**

在做公共关系目标策划时，一定要征求各方面的意见，形成目标共识；要对目标进行可行性论证，切实确立明确和具体的目标。

**3. 创意障碍**

要减少创意障碍，关键在于提高组织的策划水平，充分利用组织内外的专家，集思广益，应用创造技法，来克服这一困难。

**4. 预算障碍**

制定经费预算时要了解开支标准，反复测算，并留有充分的余地。尽管如此，有时还是会出现超支，对必要的支出追加经费也是应该的。

**5. 实施方案障碍**

公共关系实施方案要由实践经验丰富、管理能力和责任心强的人员来设计，同时要多征求实施者的意见，力求达到科学、适用、有效、节约，才能克服这方面的障碍。

**（二）实施过程中的沟通障碍**

这是在公共关系计划实施过程中组织与公众之间的传播沟通障碍。公共关系计划实施的过程实际上是传播沟通的过程。实施过程中的传播沟通并不是一帆风顺的，常见的沟通障碍主要有：

**1. 语言障碍**

语言是一种极其复杂的工具，要准确有效地使用并非易事。常见的语言障碍有语音混淆、语义不明、语法不通、用词不当等。不同国家、不同民族有不同的文字，也会造成文字障碍；对于文盲、半文盲的公众，文字也会造成障碍。

**2. 习俗障碍**

习俗是在一定的文化历史背景下形成的具有固定特点的调整人际关系的社会因素。常见的习俗障碍有违反道德、礼仪、习惯、传统、风俗等。

**3. 观念障碍**

观念是由一定的经验和知识积淀而成，在一定条件下为人们所接受、信奉并用以指导自己行动的理论和观点。常见的观念障碍有保守观念、封建观念、自私观念、极端观念、片面观念等。

**4. 心理障碍**

心理障碍是指人的认识、情感、态度等心理因素对沟通过程的障碍。常见的心理障碍有消费心理、交际心理、政治心理、工作心理等。

**5. 机构障碍**

机构障碍是指由于组织层级不合理，如机构臃肿或结构松散而造成的信息传递失真或传递速度减慢等问题。

总之，在公共关系工作的实施过程中，只有努力减少和克服以上所提到的种种障碍，才有可能做好公共关系的实施工作，这是公共关系实施过程中需要高度重视的环节。

## 四、公共关系实施准备

只有经过组织实施，才能验证出公共关系策划方案的合理性。从某种意义上说，公共关系策划方案的实施过程就是信息的传播过程，是组织运用各种传播手段，把预先制作的公共关系的信息传递给公众，引导或改变他们的态度和行为，创造和改善有利于组织的社会环境和舆论环境的过程。

## 五、制定公共关系实施方案

公共关系实施方案，又称公共关系技术文案或公共关系活动计划。不同的行动、不同的操作方法可以产生不同的效果，因此，公共关系活动的实施也需要进行精心的设计。

公共关系实施方案的制定应包括以下工作。

### （一）分解公共关系实施工作

一个公共关系策划方案往往由众多的项目组成，每个项目可分解为若干个二级项目，每个二级项目又可以分解为若干个三级项目，根据这些项目的分解与排序将公共关系实施活动的具体工作任务清晰地罗列出来。

### （二）制定公共关系实施工作的要求

（1）工作方法要具体、仔细，工作量要少、尽量简单，时间要安排到最小的单位，这样才具有较强的可操作性。

（2）对于有风险的操作方法，要有预案，以确保万无一失。工作方法要符合政策法规、社会风俗习惯、伦理道德，针对目标公众的心理工作方法，提升工作的艺术性。

（3）工作方法成本要低，效果要好。

（4）工作内容的可靠性要高。在公共关系实施中，完成一项工作任务的具体方法有很多。要深入调查、分析各种制约因素，针对目标公众的心理，寻找和策划出多种工作方法，反复比较论证，从而找到能够圆满完成工作内容、达到甚至超过工作目标的最佳的工作方法。

### （三）明确公共关系实施工作的时间与流程

1. 选择公共关系实施的时机

一项公共关系策划方案的实施，往往有若干项工作内容，其中与公众发生关系的工作内容的实施开始与结束的时间特别重要，必须准确把握。公共关系人员应该时时保持敏锐的观察与判断能力，抓住公共关系实施的最佳时机，以取得事半功倍的效果。

2. 确定公共关系实施的进度

公共关系实施的进度是在确定公共关系实施时机后，对各项公共关系实施的工作内容所需要的时间进行安排。必须保证在所确定的最佳开始时间内启动有关工作，在最佳结束时间内完成工作。实施进度安排，要充分预测和排除各种因素的干扰，要留有余地。最直观的时间进度安排方式就是拟出时间进度表。

**3. 确定公共关系实施的流程**

公共关系实施的各项工作内容之间存在一种客观的分工和协调关系，只有合理的分工、有机的协调，才能确保各项工作的顺利完成。它反映了各项工作的一种内在联系规律，是公共关系实施作为一项系统工程的体现。公共关系实施流程中的时间衔接、分工协调和有机组合最好通过流程图来表示，并配以文字说明，对各项工作之间的协作关系、责任关系进行规定，必要时形成一种制度。

**4. 制定公共关系实施的工作规章制度**

根据公共关系职业准则和组织中的有关规章制度及公共关系实施的具体情况，项目领导组还应制定出各项工作规章制度。这是对公共关系实施人员行为的约束和管理机制，如职业道德、信息保密、经济关系、行政关系、分工协调、奖罚机制、危机处理、礼仪规范、差旅出勤等。

## 六、公共关系实施人员准备

公共关系实施是对策划方案进行具体操作与管理，其行为主体是广大公共关系实施人员。因此在公共关系实施前，在人员方面还需要做好以下几个方面的准备工作：

### （一）建立实施机构及配备人员

公共关系实施机构是指专为完成某一公共关系任务、公共关系目标而建立的组织。在规模较大的公共关系实施活动中，机构具有多层级特点，从低级层次到高级层次，人数依次减少，权力依次增大，形成金字塔式结构，以确保将每一项工作内容落实到具体人员。

### （二）组织人员培训

在实施公共关系活动之前，对相关工作人员进行培训，可以使他们明确活动的内容、意义、作用、目的和要求，以及自身的工作与责任范围及相关的工作纪律、考核标准和奖惩办法，在工作能力和心理状态等方面都做好准备。要组织相关工作人员认真学习、研讨公共关系方案实施工作的操作方法。另外，对于有使用风险的方法要反复进行模拟演习，把失误率降至最低。此外，应做好预案，以确保万无一失。

### （三）公共关系实施的财物准备

根据公共关系策划方案要求，项目组分工负责购置或租赁活动所需的相关物品和材料，一般包括音响器材、摄影摄像器材、交通工具、场地布置物品、宣传材料等。

## 七、公共关系实施操作

### （一）公共关系媒体联络

组织在选择新闻媒体时，不能简单地考虑某一个方面，而应把多个标准结合起来使经济、实用的媒体达到理想的效果。公共关系活动实际上是针对目标公众进行的信息传播活动。要想使这种传播取得最大的效果，必须使发出的信息大部分或全部为目标公众所接受，这就需要通过利用目标公众所惯常使用的传播媒介或渠道来传递信息。公共关系人员根据目标公众的国别、居住地区、职业、受教育程度、经济情况等特征进行分析。筛选相关新闻媒体开展广告、宣传活动，使组织的信息能够通过适当的媒介被目标公众所接受。

（二）制作公共关系信息

根据公共关系策划方案的要求，公共关系人员应该写出符合目标公众特点的新闻稿件、广告稿、演讲词等，以激发他们的兴趣。同时，公共关系人员在写作稿件时，还要考虑到新闻媒体的特点，以及目标公众惯用的传播媒介的具体情况，使组织提供的稿件尽可能被有关编辑、记者选中，作为新闻发表或进一步采访的线索。

（三）加强对外媒体联络

项目组还需注意与新闻媒体等外部公众的联络，该项工作一般由组织内专门的媒体联络人负责。应该预先确定活动所需邀请的嘉宾，及时将活动安排和宣传计划告知新闻媒体，并提前联系相关的采访、报道、刊登和播放事宜；提前到相关政府部门办理活动所需要的公务报批手续。

## 八、公共关系实施试验

在大规模落实公共关系实施的方案之前，需要先将实施方案在一个典型的、较小的公众池圈做试验，目的是验证各项工作内容的操作方法是否妥当，取得实施的经验。

（一）组织实施试验

始终以完善与调整方案、取得实施经验和验证效果为实施试验的重点。试验的过程也是对实施人员的培训过程，因此要建立试验培训的考核评价机制。如有需要可以进行比较试验，选择2～3个典型环境同时进行试验，减少试验的偶然性，增加其客观性。

（二）评价试验结果

公共关系人员应记录、汇总公共关系实施试验的结果，并根据试验效果讨论正式实施的结果及预期公共关系目标实现的可能性，最终将试验效果与讨论结论提交公共关系项目组领导层。通过试验，发现实施方案的不足，及时修改、调整、完善公共关系实施方案，这也是公共关系实施方案的实践性论证和修改的过程。

## 九、公共关系实施管理

公共关系实施管理是对实施中的各要素及其阶段性目标进行管理。在一项具体的公共关系实施活动中，要分析各种实施要素在实施中的重要性，将最重要的要素进行重点管理。

（一）公共关系活动的人员管理

公共关系实施管理是确保公共关系实施成功的重要因素，若不进行科学有效的实施管理，在公共关系创意、实施方案设计、实施准备等工作中付出的艰辛劳动也会前功尽弃。在公共关系实施中，公共关系人员是重要的因素，所以人员管理就是管理工作的重点。

（二）公共关系实施领导者的工作职责

公共关系实施领导者的工作职责主要如下：

（1）明确分工授权。

（2）指导公共关系实施方案的执行和完成。

（3）为每一阶段或每一时期的实施工作确立明确、具体的目标。

（4）保证组织与公众之间双向传播渠道的畅通。

（5）以公众利益为准则，协助和影响本组织领导采取为公众所欢迎的政策和方针。

（6）加强与组织内部各管理部门的合作。

（7）确保公共关系实施中必需的人力、财力、物力支持，使工作得以正常进行。

（8）努力增强下属（操作人员）的向心力，调动其工作积极性。

（9）检查监督下属（操作人员）的工作，及时提出修正意见。

（10）定期向主管领导汇报工作并请示指导。

（三）公共关系人员管理

在公共关系人员管理中，要借助相应的规章制度和激励手段调动人们的工作热情和积极性，监督他们的工作方法、质量；还要通过明确、合理的分工安排及合作竞争并行的机制提高工作效率，努力营造团结、和谐、高效的工作氛围。

（四）公共关系活动项目管理

1. 明确管理重点

在实施公共关系项目管理时，首先要明确管理重点。一般来讲，重点管理对象包括实施中的实施要素及其阶段性目标。在一项具体的公共关系实施活动中，要分析各种实施要素在实施中的重要性，将最重要的实施要素确定为关键控制对象并进行重点控制。

2. 实施沟通管理

公共关系实施的过程就是传播沟通的过程。在这一过程中，常常会因为传播沟通工具的运用不当、方式方法的不妥和传播渠道的不畅而使实施工作出现传播沟通障碍。

## 十、公共关系评估

公共关系评估（效果评估）指的是有关专家或机构依据某种科学的标准和方法，对公共关系的整体策划、准备过程、实施过程以及实施效果进行测量、检查、评价和判断的一种活动。其目的是取得关于公共关系工作过程、工作效益和工作效率的信息，是决定开展公共关系工作、改进公共关系工作和制订公共关系新计划的依据。

（一）公共关系评估的意义

公共关系评估既是公共关系活动中的最后环节，也是对公共关系活动的总体评价和全面总结。公共关系评估既是某一项公共关系活动过程的结束，也是下一项公共关系活动的开始。公共关系评估的重要意义主要有以下几点：

1. 公共关系评估是改进公共关系工作的重要环节

公共关系评估对一个社会组织的公共关系工作具有"效果导向"的作用。整理出经验和教训，为下一次公共关系工作提供借鉴，对改进公共关系工作具有重要作用。

2. 公共关系评估是开展后续公共关系活动的必要前提

从公共关系活动的连续性来看，任何一项新的公共关系活动计划的制订与实施都不能孤立产生和存在，它总是以原来的公共关系活动及其效果为背景的。因此，对前一项公共关系活动的评估，可以为后一项公共关系活动计划的制订与实施提供决策依据、经验和教训。这是公共关系活动连续性的一种表现。

3. 公共关系评估是总结成绩、鼓舞斗志的重要形式

公共关系活动计划实施的效果具有不同的表现形式，往往呈现出复杂的局面。它既可能涉及公众利益的满足，也可能涉及公众利益的调整。当一项公共关系活动计划实施之后，由有关人员将该项公共关系活动计划的目标、措施、实施的过程和效果向领导人员和内部员工加以解释和说明，使他们认清本组织的利益及其实现途径，从而自觉地将本组织的战略目标与自己的本职工作紧密地联系在一起，并转变为实际行动。

4. 公共关系评估为有关人员提供信息

一项公共关系活动计划的实施涉及计划的制定人员和实施人员，这两方面人员对公共关系计划的实施有不同的期望和要求。通过对公共关系活动计划的制订和实施以及通过实施所取得的效果做出全面具体的评价，可以根据各类人员对信息的不同需求，有针对性地向他们提供所需要的信息。

（二）公共关系评估的内容

公共关系评估的内容可以从不同的角度进行分类，从理论和实际操作两个角度综合考虑，确定的评估内容包括以下五个方面：

1. 公共关系活动过程的评估

对公共关系活动过程的评估，重点内容包括公共关系活动准备工作的评估、公共关系计划的评估和公共关系计划方案实施的评估。针对公共关系活动准备工作的评估，此项评估包括以下几个方面：

（1）公共关系调查活动的评估。

（2）相关材料的准备是否充分。

（3）准备的相关材料是否合理。

（4）表达信息的方式是否合适。

2. 传播沟通基本情况的评估

对传播沟通基本情况的评估，旨在专门分析衡量公共关系中的传播效果，以检测传播沟通工作中的得失。传播沟通基本情况的评估要点有：信息制作的评估，信息曝光程度的评估，传播沟通效果的评估等。

3. 公共关系状态的评估

公共关系状态既是组织开展公共关系活动的基础，也是组织开展公共关系活动的结果。公共关系状态的评估可以将内部公共关系与外部公共关系区分开来进行，内部公共关系状态评估主要包括评估全体成员的公共关系意识、员工的士气和归属感、组织的凝聚力和号召力、组织内部的人际关系、群体关系等；外部公共关系状态评估主要考察顾客、媒介、社区、政府等多种目标公众在接收信息、产生情感、改变态度、引起行为等方面的变化情况。

4．专项公共关系活动的评估

主要包括对日常公共关系活动的评估，对单项公共关系活动的评估，对年度公共关系活动的评估和对长期公共关系活动的评估。

5．公共关系人员工作绩效的评估

对公共关系人员工作绩效的评估应该首先区别公共关系人员的职责和分工，职责和分工不同，评估的指标或内容也有所不同。

（三）公共关系评估的程序与方法

一般来说，评估工作可分为以下四个阶段：

1．重温目标

评估某项公共关系工作是否有成效，其标准就是看是否实现了既定的目标，因此，要重温公共关系的既定目标。

2．搜集、分析资料

公共关系人员可以运用本章介绍的常用调查方法，搜集公众的各种信息资料，然后进行比较分析，分析哪些达到了原定的目标，哪些没有达到，哪些超过了预期的效果。

3．向决策部门报告分析结果

公共关系人员要如实地把分析结果以正式报告的形式上交给决策部门，在报告中应把对公共关系工作的评估和组织的总目标、总任务联系起来。

4．把分析结果用于决策

这是评估的最后阶段，也是它的最终目的。分析结果可以用于两方面的决策：一是用于其他将要制定的公共关系项目的决策；二是用于组织总目标、总任务的决策。

在完成公共关系活动的反馈信息收集整理工作之后，就要利用恰当的方法对公共关系活动的效果实施评估。具体采用的方法有以下几种：

（1）自我评估法。自我评估法就是由主持和参与公共关系计划实施的人员凭自我感觉来评估工作效果。由于当事人自我心得和心境的特定作用，这种评估的结果往往是比较独特的，通常表现为别人感觉不错的地方自我感觉不好，别人感觉不足的地方自己却相当欣赏，感觉与表达不一致等。

（2）公众评估法。公众评估法就是依据公众的反馈评估工作效果，而公众的反馈一般要通过调查研究获知。公众评估法是一种最重要的评价方法，通过调查研究公众的反馈，便可以明确公共关系工作在影响特定公众的认知、态度、观点和行为等方面可度量的效果。

（3）组织评估法。组织评估法就是由本组织出面对公共关系工作的效果进行评估。这种评估一般由组织的主要负责人主持，由组织的各部门负责人或有关人员参加，但参与公共关系计划实施的人员一般要回避，以免影响评估的效果。

（4）专家评估法。专家评估法就是聘请组织外部的公共关系专家对组织的公共关系工作进行评估。外部专家通过调查访问和分析，能对组织的公共关系工作效果做出较为客观的评价，并对组织今后的公共关系工作提出有价值的建议和意见。因此，这种评估方法值得重视。

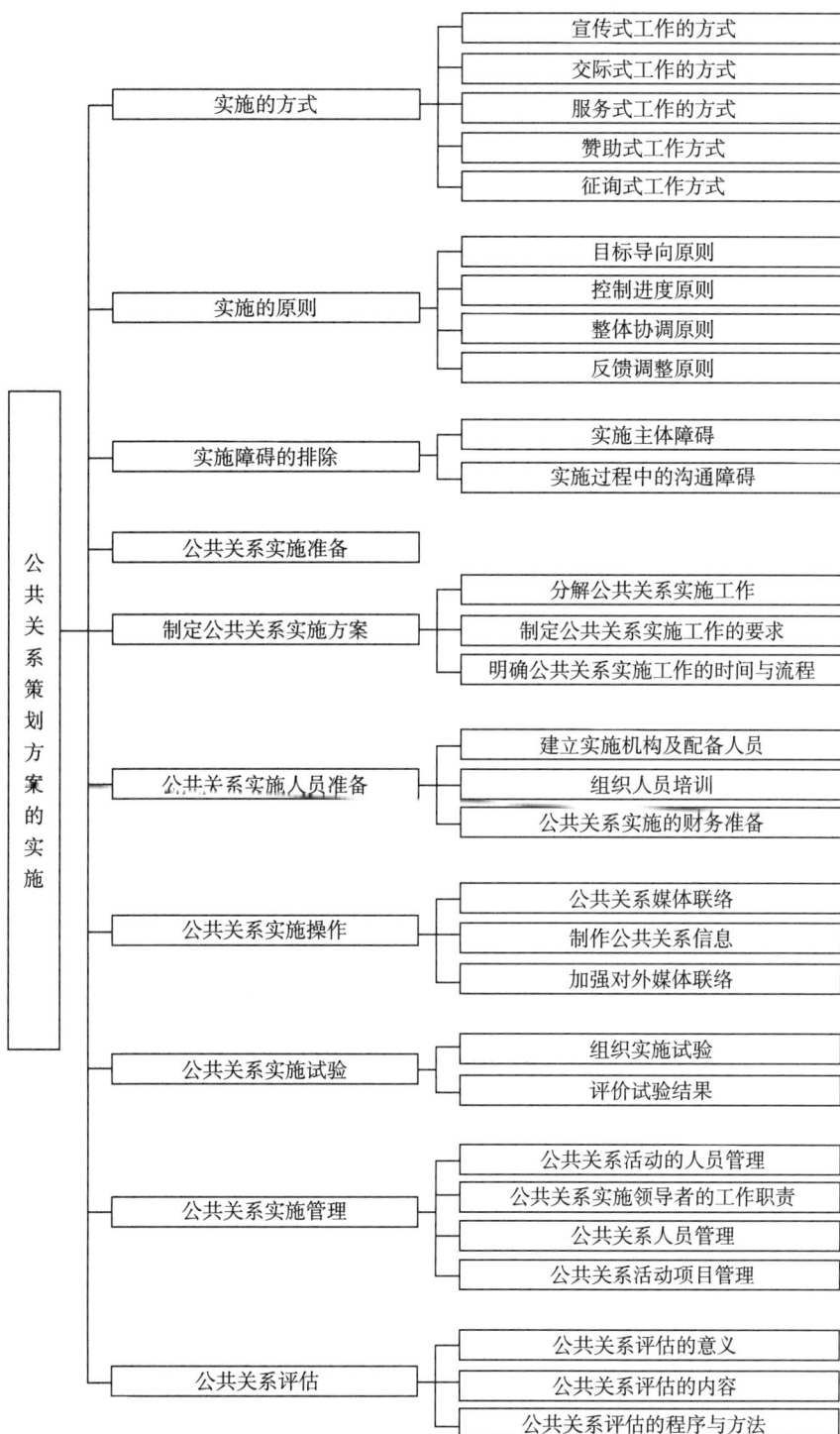

## 任务三小结

```
                                              ┌─ 宣传式工作的方式
                                              ├─ 交际式工作的方式
                              ┌─ 实施的方式 ──┼─ 服务式工作的方式
                              │               ├─ 赞助式工作方式
                              │               └─ 征询式工作方式
                              │
                              │               ┌─ 目标导向原则
                              ├─ 实施的原则 ──┼─ 控制进度原则
                              │               ├─ 整体协调原则
                              │               └─ 反馈调整原则
                              │
                              ├─ 实施障碍的排除 ─┬─ 实施主体障碍
                              │                  └─ 实施过程中的沟通障碍
                              │
                              ├─ 公共关系实施准备
                              │
公                           │                     ┌─ 分解公共关系实施工作
共                           ├─ 制定公共关系实施方案 ┼─ 制定公共关系实施工作的要求
关                           │                     └─ 明确公共关系实施工作的时间与流程
系
策 ──────────────────────────┤                     ┌─ 建立实施机构及配备人员
划                           ├─ 公共关系实施人员准备 ┼─ 组织人员培训
方                           │                     └─ 公共关系实施的财务准备
案
的                           │                     ┌─ 公共关系媒体联络
实                           ├─ 公共关系实施操作 ───┼─ 制作公共关系信息
施                           │                     └─ 加强对外媒体联络
                              │
                              ├─ 公共关系实施试验 ───┬─ 组织实施试验
                              │                      └─ 评价试验结果
                              │
                              │                     ┌─ 公共关系活动的人员管理
                              ├─ 公共关系实施管理 ───┼─ 公共关系实施领导者的工作职责
                              │                     ├─ 公共关系人员管理
                              │                     └─ 公共关系活动项目管理
                              │
                              │                   ┌─ 公共关系评估的意义
                              └─ 公共关系评估 ────┼─ 公共关系评估的内容
                                                  └─ 公共关系评估的程序与方法
```

## 知识技能检测

### 一、课堂讨论

（1）公共关系实施是否具有艺术性？

（2）公共关系实施是一次性活动吗？

（3）讨论公共关系实施与组织宣传的关系。

（4）公共关系实施是否也是一项系统工作？

### 二、课后自测

1. 选择题

（1）（　　）不是公共关系策划方案实施的方式。

A. 宣传式的工作方式 　　　　　　　B. 交际式的工作方式

C. 服务式的工作方式 　　　　　　　D. 管理式的工作方式

（2）公共关系实施人员准备包括（　　）。

A. 建立实施机构及匹配人员 　　　　B. 组织人员培训

C. 公共关系实施的财务准备 　　　　D. 公共关系实施的设备准备

（3）公共关系实施项目管理的重点是（　　）。

A. 控制实施中的重点要素 　　　　　B. 排除实施中的障碍

C. 实施过程管理 　　　　　　　　　D. 公共关系评估

2. 判断题

（1）公共关系实施就是组织公共关系活动。　　　　　　　　　　（　　）

（2）公共关系实施不能一味机械地套用策划方案。　　　　　　　（　　）

（3）公共关系实施具有灵活性和艺术性。　　　　　　　　　　　（　　）

3. 简答题

（1）什么是公共关系实施的基本原则？

（2）主体障碍产生的原因有哪些？

（3）制定公共关系实施工作的要求是什么？

（4）公共关系实施管理控制的原则有哪些内容？

4. 案例分析题

众所周知，现代消费者越来越追求精神需求的满足，传播流量的获取不再单一。宣发推广费用高昂，成为品牌营销的一大难题。2021年，"中华牙膏"与"必胜客"跨界联名的活动实施方案，使两大品牌方的跨界联名成了出色的营销模板。此次联名以"潮流""体验"为元素，口腔护理与美食赛道的巧妙结合，使得"中国干饭人必胜"联名厂牌店成功"出圈"，刷新了消费者对品牌的认知，也收获了更多路人的粉丝缘，成功为品牌带动大量的传播流量。

（1）两大品牌完美结合，解决了用户痛点，带来了全新的美食与健康体验。新消费时代，用户的消费需求进一步提升，饮食上追求健康，并且喜爱潮流产物。"中华牙膏"作为牙膏市场的老品牌，也曾独霸一方市场。长期积累的品牌优势在与披萨行业头部品牌"必胜客"的结合下，产生了质变。

（2）契合大众流行思维，共创潮流，覆盖新消费人群。契合大众的消费需求，两大品牌的跨界联动，在常规的产品中衍生出周边产物，带给消费者更多的选择权和神秘感。除了联名套餐外，"中华牙膏"和"必胜客"还特别定制了"中华干饭人"联名周边，包括国潮风格耳环、T 恤、"干饭人"专属工牌等有趣玩物。

（3）促进大 IP 文化共通，双渠道实现品牌营销的最大化。两个品牌的跨界联合往往结合了品牌自身独特的 IP 文化，从而让共同结合的新产物中拥有彼此的影子。

跨界营销不仅仅是产品上的融合，品牌用更多文化上的内容进行结合，创造出新鲜的内容，让创意吸引用户的同时解决他们的痛点，这样才更容易获得用户的认可。

**问题：该案例的此次实践活动，体现了公共关系实施的哪些内容？**

## 实践活动

参与企业实际公共关系实施工作

## 活动目的

完成复杂情况下的公共关系实施及报告的编写

## 活动安排

1. 教师与校外基地接洽，带领学生参与企业实际项目
2. 学生分组，参与公共关系实施计划的制订工作，讨论并写出报告

## 教师注意事项

1. 引导学生参与公共关系活动项目
2. 学生分组讨论并制定公共关系活动方案
3. 提供相应学习资源

## 自我学习总结

1. 主要知识
2. 主要技能
3. 主要原理
4. 相关知识与技能
5. 成果检验

# 项目四　公共关系活动与宣传

## 教学目标

了解公共关系专题活动的具体操作步骤及注意事项；了解公共关系广告的类型；理解公共关系广告概念及特征；掌握公共关系广告的职能、原则，并能进行公共关系广告的设计与制作；掌握公共关系新媒体活动的内涵和特征以及沟通传播策略；理解公共关系新媒体活动的作用和意义；了解公共关系新媒体活动的发展现状和发展趋势。

## 知识目标

1. 了解公共关系专题活动的具体操作步骤及注意事项
2. 掌握公共关系广告的职能、原则，并能进行公共关系广告的设计与制作
3. 掌握公共关系新媒体活动的内涵和特征以及沟通传播策略
4. 理解公共关系新媒体宣传活动的文案写作要求
5. 了解公共关系新媒体宣传活动的发展现状和发展趋势

## 能力目标

1. 培养公关专题活动和实施能力
2. 培养公共关系专题活动实施应变技能、传播与沟通技能
3. 能够进行公共关系广告的设计与制作
4. 能够掌握公共关系新媒体宣传活动的制作传播策略

## 素质目标

1. 培养学生根据实际的状况和条件，组织和实施一系列公共关系专题活动的素质
2. 掌握公共关系广告的职能、原则，并能进行公共关系广告的设计与制作
3. 树立公共关系理念，了解公共关系的发展现状和发展趋势
4. 了解公共关系新媒体宣传活动

# 思政目标

1. 使学生明白公关专题活动是组织与公众进行沟通，塑造自身良好形象的有效途径
2. 领悟公共关系广告在商品经济社会中不可或缺的作用
3. 志存高远，树立公共关系理念
4. 提升组织适应环境变化，应对各种挑战能力
5. 运用多种新媒体平台进行公共关系内容的宣传

# 任务一　公共关系专题活动

公共关系专题活动是社会组织与广大公众进行沟通，塑造组织自身良好形象，扩大影响，提高声誉的有效途径。组织可以根据具体情况，策划、实施各种不同主题的公共关系专题活动。公共关系专题活动的种类很多，常见的有社会赞助活动、庆典活动、新闻发布会、开放参观、展览会、举办会议等。

所谓公共关系专题活动，是指社会组织为了明确某一目的、围绕某一特定主题而精心策划的公共关系活动。公共关系专题活动是社会组织与广大公众进行沟通、塑造自身良好形象的有效途径。

公共关系专题活动应具备以下基本特征：第一，必须有明确的主题，而且通常每次只有一个主题；第二，必须经过精心策划，离开了策划将无法保证这些活动正常举办；第三，通常与某种类型的公众进行重点沟通；第四，必须是针对某个明确的问题而开展的，具有极强的针对性。

公共关系专题活动对于改善组织的公共关系状态有极为重要的意义。它往往能够使组织集中地、有重点地树立和完善自身的形象，扩大自己的社会影响，使组织形象出现质的飞跃，是塑造组织形象的有力驱动器。

创新是公共关系专题活动的基本要素。缺乏新意，公共关系专题活动便失去了意义。创造性地利用各种具体的专题形式为组织目标服务，可以构成公共关系专题活动最有价值的部分。成功的公共关系专题活动之所以会产生轰动效应，其原因就在于它的创新性给公众留下了难忘的印象。因此，能否成功地举办各种形式的公共关系专题活动，不仅是对公共关系人员综合能力的考验，也是对他们创造力的综合测试。

## 一、赞助活动

所谓赞助活动，是指社会组织以不计报酬的捐赠方式，出资或出力支持某项社会活动、某种社会事业。开展赞助活动是组织奉献社会的一种表现，越来越多的组织认识到自身的发展离不开社会的支持，作为社会的一员，自己也应对社会的发展承担一定的责任和义务，为社会贡献一份力量。

### 案　例

2021年12月，"蒙牛"进行了Logo焕新。新Logo中的"牛角"元素，是蒙牛的精神符号，代表了蒙牛"天生要强、与自己较劲"的企业精神。它同时也象征着旋转的地球，体现蒙牛"脚踏实地、放眼全球、仰望星空"的精神内核。这与中国航天精神高度契合，正是由于两者价值观的趋动，才使蒙牛能够携手中国航天事业，一起走出了19年的辉煌。

蒙牛一直与中国载人航天事业同行。2003年，蒙牛成为中国航天事业的合作伙伴，成为首个支持中国航天事业发展的乳品企业。同年，神舟五号载人飞船载着中国首位航天员杨利伟飞向太空并顺利返回，实现航天载人"1"的突破。

有意义的是，在蒙牛集团成立的1999年，神舟一号无人飞船顺利升空并返回，自此以后，我国成为继美、俄之后世界上第三个拥有载人航天技术的国家。至今蒙牛已与中国航天事业进行了长达19年的深度合作，这源于双方的价值观的高度契合。

中国航天事业发展60余年来，从无到有、从小到大，堪称"长期主义"的典范。在艰难的环境中，一代代航天人接续奋斗，苦心研究，打破技术封锁，使我国跻身于世界航天强国。这些成就的取得靠的是艰苦奋斗、严谨务实、勇于攀登的航天精神。

航天精神也激励着蒙牛。"超越自己、天生要强"的蒙牛精神与航天精神一脉相承。蒙牛集团总裁卢敏放在接受《中国名牌》专访时说："蒙牛一直以航天精神为引领，努力将航天品质融入企业自身的实践中。我们要求所有蒙牛人在生产上更精进、在品质上更卓越、在食品安全问题上零容忍。"

2021年，蒙牛开启了新的五年征程，将围绕"打造消费者至爱的蒙牛、打造数智化的蒙牛、打造国际化的蒙牛、打造拥有强大文化基因的蒙牛、打造更具责任感的蒙牛"五个部分，力图"再创一个新蒙牛"。

除体育事业，还有众多的社会公益事业需要企业的经济支持。这里我们提出如下一些期待企业去赞助的社会活动对象供其参考。

一是体育事业。对体育事业的赞助，不仅可以带动人民体质的增强，而且可以最大限度地提高企业的知名度。

二是文化事业。企业赞助社会文化事业，不仅可以培养公众的情操，提高民族文化素养，而且可以大大提高企业的美誉度，提高企业的社会效益。

三是教育事业。赞助教育事业是百年大计，它体现了企业对社会的责任，也为企业提供了长期发展的后备力量。

四是社会福利和慈善事业。为社会分忧解难是企业的义务。赞助福利和慈善事业，是企业谋求与政府和社区两大公众最佳关系的手段。

（一）赞助活动的开展

1. 调查研究，确定对象

企业的赞助活动可以自选对象，也可以按被赞助者的请求来确定。调查研究的主要内容应包括：企业自身的公共关系状况、赞助活动的影响力、被赞助者的公共关系状况、社会公众的意愿、企业经济状况等。特别需要指出的是，企业的赞助活动必须是社会公众最乐于和最需要支持的事业，否则，赞助对象的确定将会被视为偏差。另外，调查研究应该以经济效益和社会效益的同步增长为依据，重点分析投资成本与效益的比例，量力而行，保证企业与社会共同受益。

2. 制订计划，落到实处

在企业的赞助活动计划中，应包括：赞助的目标、对象、形式；赞助的财务预算；为达到最佳的赞助效果而选择的赞助主题和传播方式；赞助活动的具体实施方案等。应做到有的放矢，同时也应将实施计划过程中的应变方案列入计划。

**3. 完成计划，争取效益**

在制订计划的基础上，企业应派出专门的公共关系人员去实施赞助方案。在实施过程中，公共关系人员要充分利用有效的公共关系技巧，创造出企业内外的"人和"气氛，尽可能扩大赞助活动的社会影响。同时，应以企业的广告和新闻传播等手段强化赞助的影响，使赞助活动的效益达到最佳。

**4. 评价效果，以利再战**

企业的公共关系活动应立足于企业的长足发展。因而，对每一次公共关系活动的效果都应该做出客观的评价，可以使得今后的活动办得更好。赞助活动完成后，应该对照计划测定其实际效果，对完成活动的经验加以总结，对活动的欠缺找出原因。

**（二）赞助活动的注意事项**

（1）企业的赞助活动应以企业自身状况和企业所面对的社会环境为出发点，制定出切实可行的公共关系政策、方针和策略，切忌盲目赞助。对强拉赞助者，企业应坚持原则，并利用法律武器来保护自己。

（2）企业应将赞助活动的公共关系政策公之于众。应保持与被赞助者和需要赞助的活动组织者之间的联系，以将赞助款项及时拨付被赞助者。

（3）企业的公共关系部门应随时把握社会赞助的供求状况，做到灵活掌握赞助款项。

## 二、庆典活动

庆典活动是指组织在其内部发生值得庆祝的重要事件或围绕重要节日而举行的庆祝活动，一般将其作为一种制度和礼仪。它可以是一种专题活动，也可以是大型公共关系活动的一项程序。庆典活动往往给公众留下"第一印象"，如一家企业举行气氛热烈、庄重大方的开业典礼，这便是该企业在社会公众面前的首次亮相，这个"相"亮得好，可以为企业创造良好的形象。随着社会的发展，能够举办庆典的节日越来越多，这必然使社会各界举行庆典活动的机会也越来越多。因此，现代组织的管理者应想尽办法举办各种庆典活动，提高自己的知明度。这便与现代公共关系为组织扩大知名度、提高美誉度的思路相吻合。

**（一）庆典活动的类型**

庆典活动总的要求是有喜庆的气氛、隆重的场面、高昂的情绪、灵活的形式，当然还应该有较高的规范性和礼仪要求。庆典活动在形式上，一般分为开幕庆典、闭幕庆典、周年庆典、特别庆典和节庆活动5种。

**1. 开幕庆典**

开幕庆典，即开幕（开张、开业等）仪式，是指首次与公众见面、展现组织新风貌的各种庆典活动，包括各种博览会、展览会、运动会和各种文化节日的开幕典礼；企业的开业典礼或企业推出的第一次向公众开放的重要服务项目的庆祝活动；重要工程的开工典礼或奠基典礼；重要设备及工程首次运行或运营的庆祝活动；学校的开学典礼、部队的迎新典礼等。

## 2. 闭幕庆典

闭幕庆典是组织重要活动的闭幕仪式或者活动结束时的庆祝仪式，包括各种博览会、运动会和文化节日的闭幕典礼、重要工程竣工或落成典礼、学生的毕业典礼，组织的重要活动或系列活动的总结表彰以及为圆满结束举行的各种庆祝活动等。

## 3. 周年庆典

周年庆典是指组织在发展过程中各种内容的周年纪念活动，包括组织"生日"纪念，如工厂的厂庆、商店的店庆、宾馆的馆庆、学校的校庆，以及大众媒介机构的刊庆或台庆等，还包括组织或企业之间友好关系周年纪念、某项技术发明或某种产品的问世周年纪念等。

## 4. 特别庆典

特别庆典是指组织为了提高其知名度和声誉，利用某些具有特殊纪念意义的事件或者为了某种特定目的而策划的庆典活动。组织可以根据自己的具体情况推出新的内容，尤其要抓住具有里程碑意义的事件进行策划。

## 5. 节庆活动

节庆活动是指组织在社会公众的重要节日期间所举行或参与的共庆活动，如春节、国庆节、五一劳动节、三八妇女节、六一儿童节、母亲节等。节庆活动一般可分为两种：一种是组织利用节日为社会公众举办的各种娱乐、联谊活动，免费或优惠提供服务，目的在于联络感情、协调关系；另一种是组织积极参与当地社区举办的集体庆祝或联欢活动，如准备锣鼓、花灯、彩车、龙灯、旱船等节目参加聚会或演出，目的在于塑造组织积极参与社会活动的形象。

### （二）庆典活动的开展

对于参与的各种庆典活动，组织都应有充分的准备，根据天时、地利、人和等条件开展。现代社会组织可举行庆典的机会越来越多，组织的决策者应适时地选择一些对组织和社会都有利的重要事件或重大节日来开展活动。在准备充分的情况下，一般每年举办 2～3 次。

组织的庆典活动代表着组织的形象，体现了一个组织及其领导者的组织能力、社交水平和文化素质，往往会成为社会公众取舍、亲疏的标准。因而，组织在进行这类活动的过程中，要注意以下问题：

一是要有计划。庆典活动应纳入组织的整体规划，使其符合组织整体效益，明确其目的。

二是要选择好时机。调查研究是组织开展公共关系活动的基础，庆典活动也应在调查的基础上，抓住组织（企业）时机和市场时机，尽可能使活动与组织、市场相吻合。

三是要做到科学性与艺术性相结合。公共关系活动是科学地推销产品和形象的过程，但也要赋予其艺术的形象，使其更具有魅力，这样会有更好的宣传效果，使企业形象达到最佳。

四是要制造新闻。公共关系活动应被公众的代表——新闻媒介所接受，新闻媒介的反应是衡量活动成功与否的标尺，也是组织形象能否树立的重要因素。所以，庆典活动应尽量邀请新闻记者参加，并努力使活动具有新闻价值。

五是要注意总结。组织的公共关系活动应讲求整体性和连续性，公共关系的整体活动，应与其他公共关系活动协调一致。为保持组织形象的一体化，确保今后开展活动的连续性，对每一次庆典活动的总结就显得十分必要了。

具体来说，要办好一次庆典活动，应认真做好以下工作：精心选择对象，发出邀请，确定来宾；合理安排庆典活动的程序；安排接待工作；物质准备和后勤、保安等工作。

### 三、新闻发布会

公共关系人员用来广泛宣传某一信息的最佳方式莫过于举行新闻发布会。新闻发布会的最大优点是所公布的信息真实，可信度高，容易使组织和新闻界之间达到相互理解和沟通的良好效果。

新闻发布会又称记者招待会，是指以某一社会组织的名义邀请新闻机构的有关记者参加，由专人宣布有关重要信息，并接受记者采访的具有传播性质的一种特殊会议。

新闻发布会具有以下特点：

（1）借助新闻发布会发布消息，其形式比较正规、隆重，而且规格较高，容易引起社会的广泛关注。

（2）在新闻发布会上，记者可根据自己感兴趣的方面及所侧重的角度进行提问，能更好地发掘消息。因此，这种形式下的信息沟通，无论在深度还是广度上，都比其他形式更胜一筹。

（3）新闻发布会往往要占用记者和组织者较多的时间，必要时还要组织记者实地采访、参观或安排一些沟通活动，如酒会、招待会、进餐等，因此会有更多的经费支出，成本较高。

（4）新闻发布会对于组织的发言人和会议的主持人要求较高，要求他们十分机敏、善于应对、反应迅速、幽默从容等。

### 四、展览会

展览会是指组织通过集中实物展示和示范表演，配以多种传播媒介的复合传播形式，来宣传产品和组织形象的专门性公共关系活动。展览会是较为重要的公共关系专题活动之一，它以极强的直观性和真实感，给参观者以较强的心理刺激，这不仅会加深参观者的印象，而且会使组织和产品在参观者心目中的可信度大大提高。

（一）展览会的作用

展览会通过实物、模型和图表进行宣传，不仅可以起到教育公众、传播信息、扩大影响的作用，还可以使组织找到自我、宣传自我、增进效益。

1. 找到自我

随着商品经济的高度发展，产品和生产者的垄断现象已不复存在，若不借助其他工具，仅靠人际传播很难使"好酒飘香万里"，故"酒香也怕巷子深"。此外，伴随着日趋激烈的市场竞争，生产者已认识到了"质量是后盾，信誉是保证"的重要性。借助展览会这一宣传手段，可以使生产者找到"真正的我"，让消费者认识并了解到"真正的我"。

2. 宣传自我

展览会通过实物、文字、图片、图表等客观手段来展现成果、风貌和特征。与其他形式的宣传效果相比，其说服力会更强，大大提高社会公众对组织及其产品的信任度。优质的产品、精美的图片、动人的解说、艺术的陈设，加上轻松的音乐，使参观者有赏心悦目之感，极大地强化了组织宣传自我的感染力。

3. 增进效益

公共关系的基本原则是：真诚合作、互利互惠。作为一个组织，找到自我、宣传自我是十分必要的。但是，要想最终得利，就必须以真诚的态度，为社会和公众服务。这里需要注意的是：组织在举办展览会时，必须考虑社会效益，要让消费者受益，要树立为广大公众服务的良好形象，要谋求社会公众的好感与合作，要争取社会效益与经济效益双丰收。

（二）展览会的类型

展览会的类型很多，从不同的角度可以进行划分：按展览会的性质划分，有贸易展览会和宣传展览会；按举办的地点划分，有室内展览会和露天展览会；按展览的项目划分，有综合性展览会和专项展览会；按展览的规模划分，有大型展览会和小型展览会。此外，展览会还有国内展览会和国际展览会、固定地点展览会和流动展览会、长期展览会和短期展览会等。

（三）展览会的组织工作

展览会为组织开展公共关系活动提供了一个良好的机会，组织应该充分利用这个机会展示自己的产品，传递必要的信息，加强与社会公众的直接沟通。为使展览会办得卓有成效，组织应认真做好以下工作：分析参展的必要性和可行性；明确主题；构思参展结构；选择地点和时机；准备资料，制定预算；培训工作人员。

展览会工作人员素质的高低，是否掌握参展的技能，对整个展览的效果起着关键作用。因此，必须对展览会的工作人员，如讲解员、接待员、服务员、业务洽谈人员等进行培训，培训内容包括公共关系技能、展览专业知识和专门技能、营销技能、社交礼仪等。

## 五、参观活动

参观活动是指组织为了让公众更好地了解自己或消除公众对本组织的某些误解，通常由公共关系部门负责组织和邀请有关公众来本组织参观的活动。参观活动有时会起到出人预料的效果。

（一）参观活动准备

要使参观活动取得良好效果，需把握以下环节：

1. 确定主题

参观活动的目的主要有以下四个方面：一是扩大组织的知名度，提高美誉度；二是促进组织的业务拓展；三是使组织与社区的关系更和谐；四是增强员工或家属的自豪感。

2. 划定参观内容

根据主题来划定参观内容，参观内容一般包括：第一，情况介绍。事先准备好简明生动、印刷精良的宣传小册子。第二，现场观摩。让参观者参观现场，如参观生产经营设备和工艺流程，厂区环境或营业大厅，员工的教育和培训设施，组织的科技开发（实验）中心，组织的娱乐设施等。第三，实物展览。参观组织的成果展览室，在成果展览室中可以陈列资料、模型、样品等实物。此外，参观活动内容的确定还要考虑到参观者的需要和兴趣。

**3. 选择参观时间**

参观活动的时间应尽可能安排在一些具体有特殊意义的日子，如周年纪念日、开业庆典活动等，使参观者有充足的时间来参观，同时要避开一些重大政治事件、新闻事件和节假日。此外，组织还要考虑季节和气候因素，天气过热、过冷都不宜安排参观活动。

**4. 安排参观路线**

参观活动的线路由参观的内容来确定，组织是全局开放还是局部开放，由组织的决策部门审定。

**（二）参观活动组织**

**1. 邀请参观者**

组织应根据参观活动的目的和主题选择相应的公众。可以通过广告发布信息来邀请参观的公众，还可以向有关公众发出邀请信（函）。

**2. 培训工作人员**

参观活动中要由具有一定素质的接待人员从事接待组织工作。要组织专门的接待人员和导游接受培训，使他们充分了解组织的情况，具有一定的专业知识和公共关系素质。

**3. 创设活动条件**

安排辅助设施，如停车场、休息场所、会议室等。参观场所应有路标，对于特殊参观者还应进行特别的准备，如用餐、用车等。另外还要准备好代表组织形象的纪念品。如果是外宾，应多选择一些有地方或民族特色的产品作为礼物。

**4. 加强宣传工作**

为了使参观活动有效进行，要积极做好传播宣传工作，尽可能地邀请新闻记者参加，为他们的采访报道提供便利条件。

**5. 做好接待工作**

首先是为参观活动所做的安排、协调、引领、衔接工作；其次是礼仪工作；最后是生活安排及其他相关的服务。

**6. 参观后工作安排**

参观活动结束以后，还需要进行一系列的公关活动，比如说，致函向来宾道谢、登报向各界鸣谢、召开参观者代表座谈会等。

## 任务实训

参观活动讨论

## 实训目的

加深学生对参观活动组织工作的认识

## 实训安排

1. 学生收集并讲解一些参观活动举办的故事或案例
2. 分析参观活动对公共关系管理活动的影响
3. 将分析讨论成果做成 PPT，分小组演示、分享

## 教师注意事项

1. 由生活事例、企业经营事例引入对参观活动的介绍
2. 提供一些参观活动的简单案例，引导学生讨论
3. 分组点评，并将学生的表现计入平时成绩

## 任务一小结

```
                          ┌─────────────┐
                     ┌────┤ 赞助活动的开展 │
          ┌────────┐ │    └─────────────┘
      ┌───┤ 赞助活动 ├─┤
      │   └────────┘ │    ┌──────────────┐
      │              └────┤ 赞助活动的注意事项 │
      │                   └──────────────┘
      │              ┌─────────────┐
      │   ┌────────┐ │   ┌ 庆典活动的类型 ┐
      ├───┤ 庆典活动 ├─┤
公 │   └────────┘ │   └ 庆典活动的开展 ┘
共 │
关 │   ┌─────────┐
系 ├───┤ 新闻发布会 │
专 │   └─────────┘
题 │              ┌─────────────┐
活 │              ├ 展览会的作用 ┤
动 │   ┌────────┐ │
      ├───┤ 展览会  ├─┤ 展览会的类型 ┤
      │   └────────┘ │
      │              └ 展览会的组织工作 ┘
      │
      │   ┌────────┐ ┌ 参观活动准备 ┐
      └───┤ 参观活动 ├─┤
          └────────┘ └ 参观活动组织 ┘
```

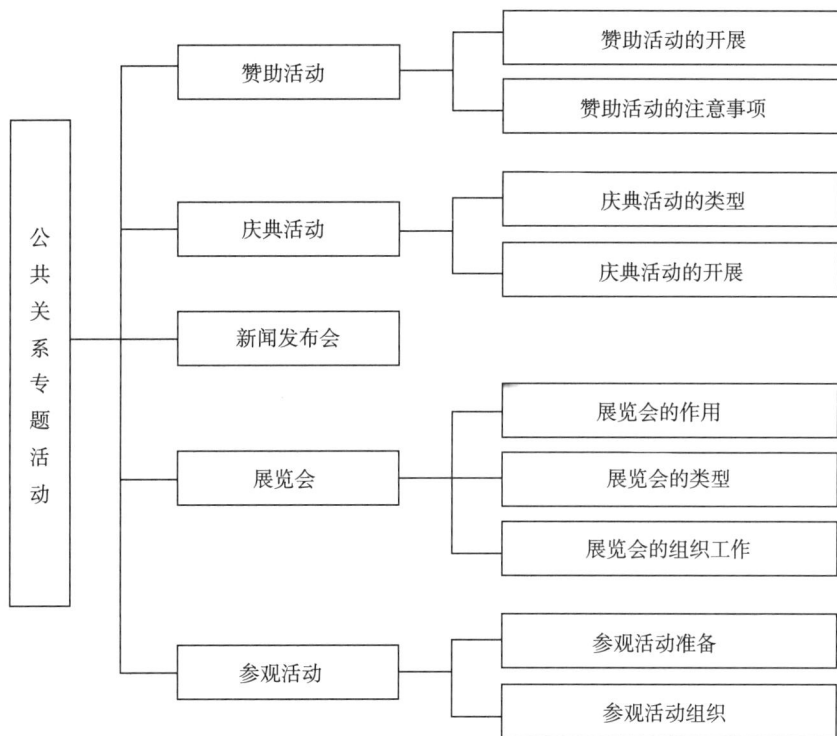

### 知识技能检测

## 一、课堂讨论

（1）讨论公共关系专题活动的时机要求。

（2）庆典活动是否具有系统性？

（3）讨论企业社会赞助与经济效益之间的关系。

（4）展会是否具有直观性？

（5）新闻发布会是否具有互动性？

（6）参观活动的公共关系效果如何？

## 二、课后自测

1. 选择题

（1）公共关系专题活动的主要类型有（　　　）。

A. 庆典　　　　B. 社会　　　　C. 展会　　　　D. 新闻　　　　E. 联谊、参观

（2）举办庆典活动要（　　　）。

A. 精心策划　　　　　　　B. 既热烈隆重，又高效节约

C. 对内能增强凝聚力　　　D. 对外能协调关系，扩大宣传，塑造形象

2. 判断题

（1）公共关系专题活动也称公共关系的"特殊事件"。　　　　　　　　　　（　　）

（2）公共关系专题活动可以联络组织与公众的情感。　　　　　　　　　　（　　）

（3）庆典活动就是渲染气氛，使参加者情绪受到感染，从而提升传播效果。（　　）

（4）社会赞助活动没有固定主题，是公益活动。　　　　　　　　　　　　（　　）

（5）新闻发布会主要用来消除对组织的负面影响。　　　　　　　　　　　（　　）

（6）联谊活动参加者都是熟人。　　　　　　　　　　　　　　　　　　　（　　）

（7）参观活动不需明确目的。　　　　　　　　　　　　　　　　　　　　（　　）

3. 简答题

（1）公共关系专题策划与组织的要求有哪些？

（2）社会赞助的内容有哪些？

（3）展会的特点有哪些？

（4）参观活动的类型有哪些？

（5）组织参观活动的注意事项有哪些？

4. 案例分析题

2020 年 8 月，由中青旅联科（北京）数字营销有限公司承办的新一季"这么近 那么美 周末游河北"主题宣传活动在北京启动。宣传现场推出了"自然深呼吸、文化漫步者、潮流畅玩家、美食行动派、京畿不夜城、康养微度假"六大主题产品，评选了 2020 年"河北旅游百大人气目的地"，并通过跨界合作、线上线下多平台推广等举措助力"周末游河北"，完成从品牌到市场的转化，吸引更多京津和周边游客领略河北美景，乐享河北旅游新体验。

**问题："这么近 那么美 周末游河北"主题宣传活动的公共关系效果如何？**

## 实践活动

参与企业实际公共关系的专题活动

## 活动目的

完成较复杂情况下的公共关系专题活动的策划与组织

## 活动安排

1. 教师与校外基地接洽，带领学生参与企业实际项目
2. 学生分组，参与公共关系专题活动策划，讨论并写出报告

## 教师注意事项

1. 引导学生参与公共关系专题活动项目
2. 学生分组讨论并制定公共关系专题活动方案
3. 分组点评，并将学生的表现计入平时成绩

## 思政案例

历经一年研发与筹备，麦当劳于 2022 年 7 月 13 日在中国推出新一代"明星级"汉堡——"麦麦咔滋脆鸡腿堡"。该品上市后口碑一路高涨，在社交媒体平台上引发热议，"咔滋文学"应运而生。

两周后，麦当劳通过腾讯会议网络研讨会的方式举办了"咔滋文学"朗诵大会，公开邀请粉丝进行线上参与，这一举措开辟了线上直播新玩法。麦当劳通过创新营销手段，提升品牌关注度和讨论度的同时，还开辟了一条和年轻消费者对话的新路径。

朗诵大会上，麦当劳还以互联网"黑话"的播报形式为在线观众展现了"麦麦咔滋脆鸡腿堡"上市以来取得的战绩，引人会心一笑的同时加深了观众对新品的了解。通过官方发布的腾讯会议号及会议二维码，网友们可一键加入会议。

这是品牌首次在腾讯会议网络研讨会与用户开展实时的新品互动营销活动，半小时左右的直播会议，累计观看人数过万，互动量高达 27 万条，点赞数超过 6 万个。

**问题：该活动举办有哪些重大意义？**

## 自我学习总结

1. 主要知识
2. 主要技能
3. 主要原理
4. 相关知识与技能
5. 成果检验

# 任务二　公共关系广告

"广告"一词从字面解释是"广而告之",即向广大公众告知某种事物。它是外来语,约20世纪初传入国内。

关于广告的概念,国内外的权威机构、刊物和著作对其所做的定义不下几十种。目前,比较一致的观点是将广告的概念分为广义和狭义两种。广义的概念是"广而告之"的意思。美国《广告时代周刊》将广告定义为:"个人、商品、服务、运动,以印刷、书写、口述或图画为表现方式,由广告者出费用做出公开宣传,以促成销售、使用、投票或赞成为目的。"狭义的广告则是指以营利为目的的经济广告,又称商业广告,它的基本含义是:以说明的方式,提升商品或服务销售的公开宣传力度。

广告是大众信息的传播活动,更是大众性的经济信息传播活动。随着商品经济的发展,当企业意识到自己的产品需要通过报纸、电视、广播等大众传播媒介进行宣传,而大众传播媒介又意识到这是自身获取收益的重要手段时,现代广告就产生了。现代广告的发展首先是从以宣传商品为主的商业广告开始的,它的主要任务就是把商品信息传递给大众,并深深地扎根于消费者心中。

所谓公共关系广告,是指经济单位通过购买大众宣传媒介使用权的方式,向大众宣传企业组织信誉、树立企业组织形象的一种广告形式。企业的公共关系广告与产品广告有明显的区别,见表4-1所列。

表4-1　公共关系广告与产品广告的区别

| 项　目 | 公共关系广告 | 产品广告 |
|---|---|---|
| 广告内容 | 与企业形象有关的信息 | 产品及相关的技术、劳务 |
| 广告对象 | 公众与舆论 | 顾客及潜在消费者 |
| 广告目的 | "爱我":交朋友,树形象 | "买我":卖产品,做生意 |
| 广告效果 | 长远的社会影响 | 近期的市场效果 |
| 营销功能 | 间接促销 | 直接促销 |
| 传播色彩 | 公众色彩较浓 | 商业色彩较浓 |
| 影响模式 | 公众　企业　产品 | 公众　产品　企业 |
| 表现方式 | 客观性强,报喜也报忧 | 主观性强,只报喜 |

从表4-1中我们可以看出,公共关系广告一般属于企业的长期行为,是企业在长时间内始终要做的,其性质是企业形象宣传,内容是企业的特色和信誉,以及企业对社会的贡献,对公益事业的关心、支持等。企业的公共关系广告部分目的和效果的周期较长,其目的是使公众认识企业、信任企业,进而购买该企业的产品,走的是"公众—企业—产品"的认识路线。产品广告则属于企业广告中的一种短期行为,主要是尽快实现产品多销

的目的。因此，其广告的内容主要是促销产品，宣传的是产品的特色，广告的目的和效果周期较短，其目的是使公众认识和购买本企业的产品，走的是"公众—产品—企业"的认识路线。有人索性把产品广告和公共关系广告的区别概括为：产品广告是推销产品，公共关系广告是推销企业。

公共关系广告作为广告的一种重要形式，越来越受到企业的重视，其原因在于公共关系广告具有多方面无法替代的重要作用。

## 一、公共关系广告的创意与策划

小小一则广告，一个画面，短短几行字，要想打动公众的心，引起共鸣，达到树立企业形象和推销产品的目的，可谓"一担挑起千斤重"。公共关系广告的创意与策划，就是使公共关系广告挑起这"千斤重担"的关键。它要求在制作广告之前，首先了解企业的处境，然后选择对象目标，再进一步确定广告的主题、手法、媒介等。

### （一）企业处境分析

公共关系广告对企业处境的分析，主要是分析公众对企业的看法如何，进而通过公共关系广告，改变公众对企业的不良态度或模糊认识，强化和完善公众对企业的良好印象。

企业处境分析，首先要发现和掌握公众的真实态度，一般可以通过两种方式获知。一是调查、访问，直接了解；二是从本企业的产品销售情况与同行的对比分析入手。

在获取公众对企业的态度以后，企业处境分析的第二步工作就是要弄清公众对企业持不良态度的原因，进一步寻找解决的办法。

### （二）选择目标对象

企业要想通过公共关系广告转变公众的不良态度、树立良好形象，在公共关系广告活动中，就必须选择好目标对象，即确定自己的广告是向谁宣传，要影响哪一类人，这就需要对公共关系广告的对象进行细分。与企业产品广告的对象不同，公共关系广告的对象可以细分为八种：

#### 1. 政府

所谓政府，既包括国家的政权机构，又包括地方政府。第一，政府是法律的制定者，尤其是反垄断法，对一些大型企业有着重要的制约作用。在企业迅速发展时期，通过公共关系广告，宣传企业的继续发展对整个国家的经济发展，如解决就业等问题发挥主要的作用，可以避免政府用反垄断法干预企业的发展，防止政府强行把企业分为若干个小企业；而当企业经营不善时，通过公共关系广告宣传企业破产后对社会可能带来的失业、其他大企业的垄断、社会经济发展受阻等负面影响，可以促使政府在财政等方面对企业给予支持。第二，政府是最大的公共产品购买者。企业通过公共关系广告，可以影响政府的购买决策，有利于产品的促销。

#### 2. 社区居民

任何企业都处在一定的空间范围之内。所谓社区居民，就是企业或工厂所在地区的公众。企业的存在经常会给社区居民带来许多困扰和不便，如排放的废气、废水、废渣对环境造成污染，噪声对社区居民的正常生活造成影响，堆放原材料占据的街道空间给附近居民带来交通出行的不便等，自然会引起公众的意见。

3. 雇员

雇员包括管理人员和一般员工，他们都是企业公共关系广告的目标对象，对他们进行公共关系广告宣传，目的是要使全体员工了解企业过去的历史、目前的规模和成就以及未来的发展远景规划，使员工团结一致，共同为建设现代化的企业而奋斗。

4. 供应商

供应商主要是指原材料、能源的供应商及企业的协作单位，它们与企业之间的经济关系十分密切，对企业的生存和发展具有重要作用。供应商是利益相关者，也是企业公共关系广告的重要对象。企业通过公共关系广告同供应商保持和发展良好的合作关系，可以获得供应商的更大支持，乃至结成命运共同体。

5. 财务公众

财务公众包括企业的股东、银行和与企业有信贷关系的其他金融集团和机构。企业财务公众是企业资金的注入者，也是企业命脉的掌握者。企业一般通过公共关系广告使财务公众了解企业的财务状况。

6. 消费者和用户

消费者和用户是企业公共关系广告的最主要对象，是企业产品和服务的使用者，他们对企业的态度影响着企业的生死存亡。在企业竞争日趋激烈的今天，消费者一般愿意购买自己熟悉的企业的产品，很少购买自己厌恶企业的产品。

7. 经销商

经销商是企业商品流通中的一个重要环节，是企业的产品通向市场的桥梁和纽带。企业与经销商之间的关系是决定企业产品能否顺利进入市场的重要因素。特别是当企业准备进入新的市场，需要沟通新的经销商时，企业与供销商的关系更为重要。这一关系的形成和巩固往往也需要借助公共关系广告。

8. 舆论领袖

舆论领袖主要是指一些在社会上具有较大影响的人士，他们的演讲、文章、评论会影响大众。这些人士包括报刊的新闻记者、评论家、文艺体育明星等，此外还包括一些政界人士。由于这些人对舆论和公众的影响较大，他们对企业的印象、态度和好恶往往可以影响相当一批人，因此，舆论领袖虽然人数不多，但与企业形象关系很大，是企业公共关系广告的重要对象之一。

（三）广告定位和广告主题

人无完人，企业更是如此，任何想通过公共关系广告把企业塑造得完美无缺的想法都是无法实现的。按照这一目标制作的公共关系广告，必然是一则失败的广告。

一则好的公共关系广告，不论其内容长短，都是在向公众宣传企业某一方面的良好形象。

1. 广告定位

广告定位主要从企业的实力和公众的心理两个方面着手。企业的实力是指企业在经济、技术方面所拥有的实力以及在同行业中的地位。公众的心理主要指公众的价值观。

2. 广告主题

广告的主题就是广告的灵魂，是通过思维、提炼、浓缩，用简单的语言、动作、画面、声音等来表达广告的中心思想；通过主题，来宣传企业的特色，树立企业的形象。公共关系广告的创作能否把握主题，是公共关系广告宣传成败的关键。广告的主题确定以后，还要通过一定的表现方法，把这一主题信息传递给公众。公共关系广告的主题能否完整地传达给公众，取决于公共关系广告的表现手法。

## 二、公共关系广告的媒介选择

企业的公共关系广告必须借助一定的媒介，才能将信息传递给公众。公共关系广告媒介是广告设计者与广告宣传对象之间联系的纽带和桥梁。公共关系广告媒介的选择是否得当，对广告的效果和广告费用的高低具有重要影响。

（一）广告媒介的一般性分析

广告媒介多种多样，但在现实的公共关系广告的宣传活动中，一般只选用其中几种，据统计，在公共关系广告最为发达的国家——美国，企业的公共关系广告主要分布在下列十种媒体中：消费者杂志；报纸副刊；报纸；户外广告牌；电视网；电视插播；辛迪加电视；有线电视；广播网；互联网。

选择媒介的标准主要有如下几个方面：媒介普及性；媒介对象与广告对象的一致性；媒介的吸引力；广告反复性；购买条件；时效性；说明性；保存性；制作水平；购买费用。

用以上标准对几种主要广告媒介的评价如下：

1. 报纸媒介

（1）普及性；（2）一致性；（3）吸引力；（4）反复性；（5）购买条件；（6）时效性；（7）说明性；（8）保存性；（9）制作水平；（10）购买费用。

2. 杂志媒介

（1）普及性；（2）一致性；（3）吸引力；（4）反复性；（5）购买条件；（6）时效性；（7）说明性；（8）保存性；（9）制作水平；（10）购买费用。

3. 广播媒介

（1）普及性；（2）一致性；（3）吸引力；（4）反复性；（5）购买条件；（6）时效性；（7）说明性；（8）保存性；（9）制作水平；（10）购买费用。

4. 电视媒介

（1）普及性；（2）一致性；（3）吸引力；（4）反复性；（5）购买条件；（6）时效性；（7）说明性；（8）保存性；（9）制作水平；（10）购买费用。

5. 互联网媒介

（1）范围广泛；（2）超越时空；（3）高度开放；（4）双向互动；（5）个性化；（6）多媒体、超文本；（7）低成本。

### （二）广告媒介的综合评价与选择

对以上主要媒介的评价可以看出，每一种广告媒介均有其特点，究竟应选择哪一种媒介形式，需要对各种广告媒介进行综合分析评价。

**1. 评价标准量化**

首先要将上述标准尽可能量化，在此基础上得到各种媒介的综合评价值，这样就便于对各种广告媒介进行分析比较了。在评价标准中，每个标准的计量水平是不一样的，现将每个标准的量化问题分述如下：普及性；一致性；吸引力；反复性；购买条件；时效性；说明性；保存性；制作水平；购买费用。

**2. 评价指标数值的标准化**

以评价指标量化后得到的数据作为原始数据。由于原始数据的计量单位不同，且比较基数不一致，各指标之间很难比较，为解决这一问题，需对原始数据进行同序化、同度量化整理。

**3. 媒介综合评价与选择**

对不同媒介进行综合评价的过程，实际上就是选择过程。综合评价与选择最简单的方法就是将每一媒介的标准化数据相加后进行排序，排在最前面的，即分值最高的就是企业要选择的媒介。

但是，这种简单的评价和选择方法有其不足之处，因为各评价指标对广告宣传的重要程度不同，而且差别较大。只有充分考虑各指标的重要程度，所进行的评价和所做出的媒介选择才更有科学性。指标权数的确定有许多方法，如专家评定法；关键因素法；最小差别法等。

## 任务实训

对公共关系广告的媒介进行选择和讨论

## 实训目的

加深学生对公共关系广告的媒介选择的认识

## 实训安排

1. 学生收集并讲解一些公共关系广告的媒介选择的故事或案例

2. 分析公共关系广告的媒介选择对公共关系管理活动的影响，讨论公共关系广告的媒介选择的意义

3. 将分析讨论成果做成PPT，分小组演示、分享

## 教师注意事项

1. 由生活事例、企业经营事例导入对公共关系广告的媒介选择的介绍

2. 提供一些公共关系广告的媒介选择的简单案例，引导学生讨论

3. 分组点评，并将学生的表现计入平时成绩

## ⚙ 任务二小结

```
                                        ┌──────────────────┐
                                    ┌───│   企业处境分析   │
                                    │   └──────────────────┘
                  ┌──────────────────┐ │ ┌──────────────────┐
              ┌───│ 公共关系广告的创意与策划 │─┼─│   选择目标对象   │
              │   └──────────────────┘ │ └──────────────────┘
  ┌───┐       │                        │ ┌──────────────────┐
  │公 │       │                        └─│  广告定位和广告主题  │
  │共 │       │                          └──────────────────┘
  │关 │───────┤
  │系 │       │                          ┌──────────────────┐
  │广 │       │                        ┌─│  广告媒介的一般性分析 │
  │告 │       │   ┌──────────────────┐ │ └──────────────────┘
  └───┘       └───│ 公共关系广告的媒介选择 │─┤
                  └──────────────────┘ │ ┌──────────────────┐
                                       └─│ 广告媒介的综合评价与分析 │
                                         └──────────────────┘
```

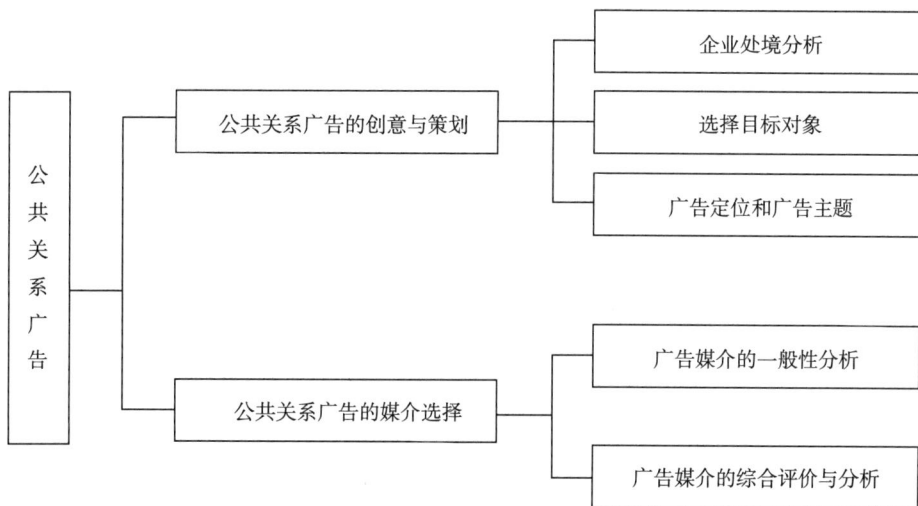

## 知识技能检测

### 一、课堂讨论

（1）讨论广告媒介的一般性选择。

（2）公共关系广告的策划步骤是什么？

### 二、课后自测

1. 简答题

（1）如何对广告媒介进行综合评价与分析

（2）简要说出对广告主题的理解

2. 案例分析题

2021 年 8 月 19 日是第四个"中国医师节"，由中国医药卫生事业发展基金会指导、《医师报》主办、罗德传播集团协办的"8.19 中国医师节"特别巨献活动"健康中国 你我同行"地铁专列在上海地铁 1 号线正式运营。专列上"搭载"了 200 多位医者的形象海报，以向日夜守护人民健康的中国医师们致敬，传递"救死扶伤、大爱无疆"的卫生与健康工作者精神，架起医患沟通、医患互信的桥梁。

在这列特别的专列车厢内，数十张以红色为主色调的活动海报依次排开，展示了包括中国工程院院士、传染病诊治国家重点实验室主任李兰娟在内的上百名中国医师的肖像和执业理念，引起不少乘客驻足围观，他们纷纷拿出手机拍摄，记录这一特殊节日。

《医师报》常务副社长兼执行总编辑张艳萍女士介绍，"在这个将维护人民健康作为国家战略的伟大时代，医生作为'健康中国'与医疗高质量发展的主力军，受到了党和人民前所未有的重视。作为医疗行业的专业媒体,《医师报》以传递医疗行业良好的专业形象,营造'尊医重卫'的良好氛围为己任,通过'致敬中国医师节''百岁医师 家国大爱——医界百岁医师代表共贺中国共产党百年华诞'系列活动等,参与记录了许多重要的历史时刻。'健康中国 你我同行'专列又一次让医疗行业融入历史的洪流中。"

罗德传播集团全球执行副总裁、亚洲区董事和大中华区董事总经理寿玉滢女士表示,"作为一家全球领先的整合传播咨询公司,罗德传播已在中国医疗健康领域深耕多年。我们非常荣幸此次能与《医师报》携手,参与到'8.19 中国医师节'特别钜献活动中,在向广大医师致敬的同时,共同弘扬医疗行业良好的专业形象,营造尊医重卫的社会氛围。"

**问题:本案例所谈的广告属于哪一种类型的公共关系广告?请说明原因。**

## 实践活动

参与企业实际公共关系广告的媒介选择

## 活动目的

完成较复杂情况下的公共关系广告的媒介选择策划与组织

## 活动安排

1. 教师与校外基地接洽,带领学生参与企业实际项目
2. 学生分组,参与公共关系广告的媒介选择,讨论并写出报告

## 教师注意事项

1. 引导学生参与公共关系广告的媒介选择项目
2. 学生分组讨论并制定公共关系广告的媒介选择
3. 分组点评,并将学生的表现计入平时成绩

## 思政案例

2022 年 9 月,腾讯公益平台推出"一花一梦想"新玩法(每一个用户都可以通过捐献自己累积下来的小红花,来支持具体的公益梦想),如用小红花守护 10000 名乡村儿童的心理健康。

用户不花钱,就能在日常行为中积累小红花。除了捐款、捐步数、答题外,用户还可以使用腾讯会议低碳办公、使用腾讯健康和腾讯医典学健康知识,在 QQ 音乐观看公益MV、收听公益歌曲等获得小红花。

腾讯公益在腾讯内部业务和产品支持下,利用多元、简单的玩法将公益行为融合到用户的生活中,让公益成为一种生活方式。降低公益活动门槛,在某种程度上就等于提高了参与度。

腾讯公益还在"99 公益日"期间,凭借此次活动,联动多方资源,持续放大爱心能量。不得不提的是,在公益传播外,腾讯公益还发挥内部技术优势,在"99 公益日"期

间发布了一个名为"数字工具箱"的服务专区，聚合腾讯多项产品与服务的公益权益，用于协助公益机构组织的日常运作、公益项目运营与技能培训等，推动公益数字化进程。

最后，在腾讯公益所践行的长期主义里，我们也能看到企业通过公益实现"社会价值"的一种新思路：企业社会价值不仅来自企业自身为有需要的人做出的捐赠，更要以企业之力将"公益""互助"的理念，扩散到社会各个层面，滋养全社会的"善意生长"。

**问题：腾讯是如何策划和组织该公共关系广告？**

## 自我学习总结

1. 主要知识
2. 主要技能
3. 主要原理
4. 相关知识与技能
5. 成果检验

# 任务三　公共关系新媒体宣传

"新媒体"一词源于美国哥伦比亚广播公司技术研究所所长戈尔德马克 1967 年的一份商品开发计划。在此之后，时任美国传播政策总统特别委员会主席罗斯托向尼克松总统提交的报告书中，也多处使用了"New Media"一词。由此"新媒体"一词开始在美国流行并很快扩展至全世界。

关于新媒体的定义，国内外专家各执其词。早期，联合国教科文组织对新媒体下过一个定义：新媒体就是网络媒体。与之类似的是把新媒体定义为"以数字技术为基础，以网络为载体进行信息传播的媒介"。

新媒体将人际传播和大众传播融为一体，是一种全新的传播类型。我们在深入研究新媒体时可以比照传播学流行的分类方法，将其细分为网络人际传播、网络群体传播、网络组织传播、网络大众传播等。

人际传播是网络中最常见的传播形态之一。对网络人际传播的需求使网络日益成为人们生活的一部分。人际传播也与网络中的其他传播形态相互交融、相互作用。如今，网络上的人际传播十分频繁。在互联网上，人和人的互动可以通过电子邮件、网上聊天等形式进行。

网络群体传播是临时松散的非正式群体在互联网上的传播活动，多以网络论坛、微博为传播渠道。网络组织传播是指正式组织内基于计算机网络的传播活动，如企业单位内部局域网。

互联网是一种大众传播媒介。1998 年 5 月，在联合国新闻委员会年会上，网络作为"第四媒体"被正式提出，时任联合国秘书长安南指出，在加强传统文字、声像手段的同时，应利用最先进的"第四媒体"以此加强新闻传播工作。

## 一、微博

微博即微博客的简称，是一个基于用户关系的信息分享、传播以及获取平台，用户可以通过 Web. WAP 以及各种客户端组建个人社区，以简短的文字更新信息，并实现即时分享。

（一）微博的优势

第一，简单实用；第二，主动性强；第三，及时性强；第四，发布平台的开放与多样性。

（二）微博对新闻行业的影响

一是微博成为重要的信息来源；二是在一定程度上影响重大新闻事件发生；三是媒介组织传播产品的新方式；四是微博与媒介组织的网络口碑营销；五是微博在媒介组织的应用。

（三）微博文案的写作要求

1. 微博文案要精简

微博文案是有字数限制的，所以在写微博文案时，要注意字数不能超过 140 个字，这是硬性规定。所以要在有限的字数里，让读者了解到你要传达的信息，内容就要精简，做到通俗易懂，这样才能便于读者理解。

**2. 文案主题要明确**

不论所写文案是什么，主题必须要明确。主题要明确需要做到以下几点：文案的定位、写作目的、目标人群等。只有对这些内容进行调查，明确了主题，才能更好地吸引读者。

**3. 选择话题很关键**

不论文案要写好，还要有流量，想要文案有吸引力就要注意话题的选择。不能随便选择话题，首先要选择热门话题，因为它自带流量有吸引力；其次，不只是选择热门话题还要符合文案的主题内容，否则会成为"标题党"。

**4. 与用户的互动要做好**

文案写好了，"吸粉"才有流量，所以要在最短的时间内引起用户的共鸣，让用户进行点赞、评论、转发。互动对此就尤为重要，让用户有参与感才能获得关注。

## 案　例

2022年9月1号，花西子品牌方官方微博发布了全新产品，文案是"花西子X中国传统色「洛神珠」全新上市。花西子品牌大使@白鹿my温柔演绎，洛川神女，翩然而至，轻纱拂唇，犹见洛神。"该微博获得了2.3万转发、1.2万评论、4.7万赞。

该微博运用了哪种文案类型，能够达到理想的传播数据？

## 二、微信

微信改变了很多人的生活方式和信息传播方式，带给了人们便捷的生活体验。微信作为时下最热门的社交信息平台之一，正在演变成大商业交易平台，对营销行业带来的颠覆性变化开始显现。

微信基于公众平台和朋友圈功能，打造全新的关系网。微信公众平台拥有丰富的功能，包括发送文字、图片、音频、视频等各种信息，对于企业来说，所有信息可直接到达用户，实现企业对用户点对点的精准营销。企业可以将微信制作成会员刊物式的内容，面对主动选择关注的微信粉丝，企业可以通过充满文化气息的互动和特色内容，将品牌文化传达给这些现有或潜在的客户。微信公众平台后台可以看到用户的系统、性别和地域等信息，未来还可能提供更加丰富的信息。作为一款移动社交应用，微信还提供了与个体用户进行互动的可能性，这为企业和用户之间建立了全新的社交关系网。目前许多企业和商家都已经开通了公众平台与用户进行联系和互动。例如星巴克，用户发送一个微信表情，星巴克账号就会选择一首代表某种心情的音乐，加上一段视频通过微信发送给用户，同时还会给用户发送咖啡品种和文化的介绍，充分展示其品牌的人文关怀，进一步构建品牌文化。

朋友圈功能让微信的私密社交能力被激活，成为分享式口碑营销的最好渠道。移动社交分享在移动商务中一直是热门话题。在移动互联网上，以首批与微信合作的"美丽说"App应用为例，它通过开放平台的"对接"，用户无须离开聊天窗口，就能看到大图、价格、购买链接、"美丽说"社区热度信息，既得到朋友分享的信息，又可以继续轻松聊天。用户通过微信把"美丽说"上的商品一个接一个传播出去，达到社会化媒体上最直接的口碑营销效果，其灵活性受到用户、企业与商家的喜爱。微信 4.0 版本中朋友圈分享功能的开放，使使用户可以通过手机应用、PC 客户端、网站中的精彩内容快速分享到朋友圈，并支持网页链接方式打开，这为企业的口碑提供了一种全新的宣传方式。

媒体类公众平台运营主体主要包括四类：第一，门户网站频道，如腾讯、新浪等；第二，传统广电及平面媒体，如央视、《南方周末》等；第三，独立科技媒体，如虎嗅网等；第四，自媒体，如知名媒体人。整体来看，门户网站及独立科技媒体等互联网属性较强的运营主体，已经探索出了一套较为成熟的运营套路，它们依托门户网站已有的内容资源，对现有内容进行了多渠道分发及创新，对新应用、新平台的适应性较强，不论是在运营理念、功能探索上，还是在与用户的互动和对需求的把握上，都表现出较高水平。公众平台的主要功能包括多媒体信息大规模推送、定向推送、一对一互动、多样化开发和智能回复等。这些功能为公众平台的实际运营提供了媒体、营销、客服、公共服务等应用方向，当前的微信公众平台可细分为新闻阅读类、综艺明星类、科技数码类、生活购物类、影音娱乐类、社区交友类、文化教育类、地方政务类、公关名人类等几大类。

但媒体公众平台的运营也存在一定的问题。微信的平等、私密性互动关系见长，用户对公众平台定向推送过来的资讯接受起来比较困难，如果内容不符合用户兴趣，很容易就会被用户取消关注。如果用户关注的公共平台过多，也会造成信息过载的现象。信息过载意味着用户会有意识过滤和筛选公众平台推送的消息。虽然微信的推送是定向的，到达率几乎是百分之百，但是垃圾信息过多，各个公众平台定时发来各种"通知"，只会给用户带来不良体验，促使用户取消原本加以关注的品牌，而取消的方法又非常简单。因此，传统媒体应当把更多精力投入到用户研究、数据分析、用户需求中去，评估现有用户对不同内容的喜好度，同时要重视推送形式的重要性，保持多变，发挥创新意识，才能保留用户的关注度。

### 三、短视频平台概念

短视频是指以新媒体为传播渠道，持续时间不足 5 分钟的视频内容的创作平台，主要依托于移动智能终端实现快速拍摄和美化编辑功能。

（一）短视频的特点

时长较短，传播速度更快；创作流程简单，参与门槛低；突出个性化表达，快速打造关键意见领袖（Key Opinion Leader，简称 KOL）；社交属性强，信息传递广。

（二）短视频的文案创作

这是一个疾速前行的时代，短视频风生水起，每天都会有很多人构思、拍摄和制作众多的短视频，但事实上，能给人们留下深刻印象的产品并不多见，其中一个很重要的原因是创作者对文案、策划这一环节的忽视。一部短视频，可以拍出上百种形式，但经过创意策划和文案设计的短视频，定能展现出自己的与众不同。

时至今日，简洁、有风格的文案早已不仅仅是传递信息的载体，而是一个与观众能够进行沟通的平台，通过这个平台，传播者可以向观众传递情绪、传递思想、传递软性文化。所以，在撰写简洁类文案时，可以总结出三大定律：一是没有时间铺陈，就要简单明快；二是要让受众产生共鸣，就要"走心"用情；三是要与众不同，就要在创意上多费心思，形成自己的风格。

诗意华丽有态度的文案可能有很多人都有误解，觉得做视频不需要太华丽的辞藻，所以，平淡和朴实是很多视频文案的共性。但更应该看到，诗意华丽也可以掷地有声，很多时候，大气是一种态度，文案亦是如此。

有人说，短视频不是更短的视频，而是一种更高层次的图文演绎。画面与文字结合得好，就会产生精神发酵的效果，用画面催化文字，用文字点化画面，让每一帧画面都传递出情感、气质与灵魂。

（三）短视频文案的写作要求

1. 设问互动

设问互动是以发出疑问的形式进行，让用户产生一种联想，从而带来互动，这种形式还是非常有用的，可以通过看爆款短视频的方式进行学习。

2. 叙述

语言需要比较幽默，不能太过于严肃，因为短视频大部分都是比较潮流新颖，需要有一定的"热点集锦"才会让文章火爆。

3. 悬念

可以在最开始的时候先说"一定要看到最后"来留住受众，很多受众就会想：究竟是什么呢？会带着一定的悬念继续往下看。

4. 结合热点

在进行创作的时候可以在自己的视频中结合当下相应热点，使自己的视频可以蹭到一些热点，获得更多的曝光。

# 案 例

2018 年，有"中国奥斯卡"美誉的第 27 届中国金鸡百花电影节在佛山"梅开二度"，著名导演、演员吴京担任本届形象大使。佛山市委宣传部要求制作一部吴京个人的形象宣传片，希望通过吴京的号召力，吸引更多的人来到佛山共赴这场光影盛宴。笔者有幸作为该宣传片的主创，撰写宣传片的文案，将人物性格和城市特色有效关联，迅速创作出多篇文案作品，最后定稿的文案为"吴京·2018 第 27 届中国金鸡百花电影节形象大使宣传片"。"每一位热血男儿，都有一个英雄梦，武术冠军、荧幕硬汉、影视导演每一次突破，我只为梦想而战，我喜欢，和自己一寸一寸的较量，我相信，百炼成钢才是真正的力量。用光影定格赤子情怀，英雄，也将与众不同！相聚佛山，共享精彩第 27 届中国金鸡百花电影节，11 月 7 日，我们佛山见！"可以看到，全篇文字高度精练；文案开门见山，直接亮出人物形象，不拖泥带水；人物走心独白，以真诚的态度蔓延字里行间；提出一个"英雄梦"的概念，与当时的热点《战狼 2》完美契合，形成了宣传片独特的风格。总结起来，将深刻的大道理用简洁走心的文字来表述，着实不易，但简洁文案的背后一定暗藏巧思，第一人称叙述、借势热点、创意共情、直奔主题等创作手法都可灵活运用。

**问题：该短视频文案对吴京的形象产生了什么影响？**

## 任务实训

公共关系新媒体宣传的讨论

### 实训目的

加深学生对公共关系新媒体宣传的认识

### 实训安排

1. 学生收集并讲解一些新媒体故事或案例
2. 分析新媒体对公共关系管理活动的影响，讨论新媒体的意义
3. 将分析讨论成果做成PPT，分小组演示、分享

### 教师注意事项

1. 由生活事例、企业经营事例导入对新媒体的介绍
2. 提供一些新媒体的简单案例，引导学生讨论
3. 分组点评，并将学生的表现计入平时成绩

## 任务三小结

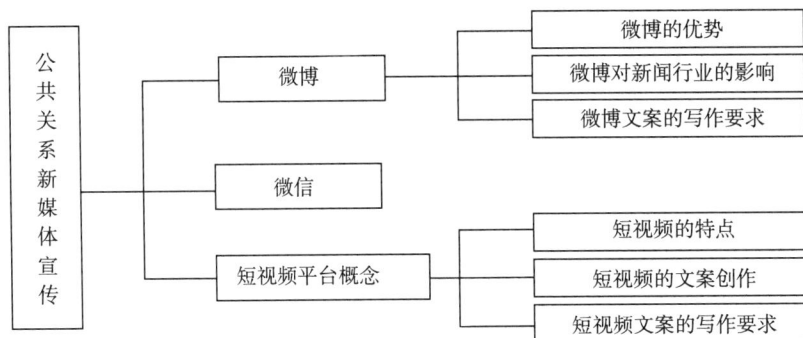

## 知识技能检测

### 一、课堂讨论

（1）讨论公共关系新媒体宣传各个平台的区别。

（2）短视频文案的写作要求是什么？

### 二、案例分析题

**案例1** 2015年5月5号，"济南交警"官方微博号发出一条特别的微博。微博以"我在路口等你下班"为题，内容是这样的："妹子，济南路口多，你都不用转。共青团路

那个'小眼'蜀黍，俺们联系上了，他！是！单！身！［哈哈］下午还是会在那里站岗，不过，今天的执勤时间将会为你延长。他在路口等你下班！PS：他说他自愿的［太开心］。队长这样评价他：为人憨厚工作踏实，是个值得信任的小伙子。约么？"

微博发出以后，引起大家热烈讨论，"济南交警"官方微博号的编辑表示，这位济南妹子的"求认识"私信，是在上午发给济南交警官方微博的。从姑娘的微博私信截图来看，她已经关注这位共青团路上的交警很久了，因为姑娘发的小伙照片中一张是冬装制服。而她为了能多看一眼小伙子，还特意选择小伙值勤的附近上下车。

**案例2** 2017年7月1日，网友"u璋double双"发布了一篇表白微博，微博中写道："全世界宣布爱你，希望他能看得到"。链接歌曲"全世界宣布爱你"的这条微博中，除了配发一张济南交警在路口执勤的背影照片外，还配发了一首小诗："你站在路口望着你眼中的城市，而我在你的身后只看见了你。我勇敢地向全世界宣布爱你！你继续奋斗在创城的第一线，而我愿意默默地站在你身后，等你。"这条告白微博迅速引发网友评论和转发，网友们纷纷表示支持"祝幸福！""祝告白成功！"

"济南交警"官方微博号也转发了此微博，并回复道："已转达！还有表白的吗？小编也没对象……"

**案例3** 2019年5月6日，北京市公安局官方微博号"平安北京"刊发微博："这'证明'确实是我们开的。你挺身而出，我仗义执言，稳妥，稳妥！"

为配合派出所办理一起地铁车厢内猥亵案件的热心人证明上班迟到的事情，引起热议，24个字的微博成为当日的微博热搜。

**工作说明**

2019年4月28日，我所办理一起地铁车厢内猥亵案件，▮▮▮（男，身份证号110▮ ▮▮▮同志，主动抓获猥亵嫌疑人并积极配合公安机关工作，为此延误正常上班，公安机关对▮▮此种行为，特提出表扬，请贵单位对▮▮今日迟到一事，稳妥办理。

特此说明

北京市公安局公交分局五路居站派出所

承办人：▮▮▮

2019年4月28日

问题：(1) 分析案例 1 中的微博内容，分析新媒体的写作特点。

(2) 结合案例 2 和案例 3，分析当前政府微博的运营特点。

## 实践活动

参与新媒体的项目

## 活动目的

完成较复杂情况下的新媒体策划与组织

## 活动安排

1. 教师与校外基地接洽，带领学生参与企业实际项目

2. 学生分组，参与新媒体，讨论并写出报告

## 教师注意事项

1. 引导学生参与新媒体有关的活动

2. 学生分组讨论并制定运营微信公众平台

3. 分组点评，并将学生的表现计入平时成绩

## 思政案例

2021 年 12 月 17 日，由"金网奖"发起，携手"微盟""秒影工场"等合作伙伴举办的 2021 商业计划领航秀峰会于北京圆满落幕。现场揭晓了 2020 年"金网奖"评选结果，包括国内首个商业短视频"BAO 款"奖项。据悉，"BAO 款"是由"金网奖"与"秒影工场"联手打造的国内首个评选商业短视频奖项，以"让作品用实力说话"为理念，旨在表彰在用户触达的播放率、互动效果及品牌口碑、有效受众覆盖、获客成本方面均表现突出的优秀作品。

在颁奖典礼上，凭借在短视频商业领域优秀的数字化营销能力、智能化的生产运营服务模式，"秒影工场"斩获"年度创新数字营销公司""年度短视频营销工具"两座重量级奖杯。此外，"秒影工场"选送的优秀案例，从全国范围内逾 2000 件参赛作品中脱颖而出，《自然堂》作品斩获 TVC 类别"BAO 款"单项大奖，《我的生活，不是你的色情片》作品斩获 TVC 类别银奖，《微医保百万医疗险》《塔读》作品均荣获信息流类别铜奖。值得一提的是，"微盟"提报的《美团携手抖音，打造短视频信息流新"视"力》作品斩获信息流类银奖。这也意味着，"微盟"及其战略投资公司"秒影工场"在短视频营销领域的能力和成绩，得到了业界的认可和肯定。

问题：该案例利用短视频平台，有什么样的重大意义？

## 自我学习总结

1. 主要知识
2. 主要技能
3. 主要原理
4. 相关知识与技能
5. 成果检验

# 项目五　舆情分析与公关危机处理

## 教学目标

了解公关危机与危机公关的含义；了解公关危机的预防和处理；分析美联航暴力赶客事件危机处理

## 知识目标

1. 了解公关危机与危机公关的概念
2. 认识舆情管理的意义，掌握舆情分析的方法
3. 学会处理危机事件

## 能力目标

1. 培养对于突发危机事件的处理能力，具备临危不惧的心理综合素质和应变能力
2. 培养公共关系危机的应变和处理及预防能力
3. 认识和掌握舆情管理的流程

## 素质目标

利用互联网技术下的舆情分析工具，培养对于突发危机事件的处理能力，具备临危不惧的心理综合素质和应变能力

## 思政目标

培育学生的危机公关意识，培养学生掌握公共关系危机处理的艺术和技巧

在组织经营过程中，由于决策失误、产品设计与质量问题、公共关系活动违反法规规定、经营人员的态度与服务水平问题、新闻媒介和竞争对手的误导等，总是会出现一些危机事件。危机是市场经营活动的影子，也是公共关系过程的伴随物。调查显示，在世界500强企业的董事长和总经理中，约80%的人认为现代组织面对的危机就像人的死亡一样，是不可避免的。既然危机不可避免，那么正确处理各种危机事件，就成为公共关系工作的日常性业务。树立科学的危机价值观，培养和掌握公共关系危机的处理艺术与技巧，是有效降低危机影响、开发危机处理资源、塑造组织形象、强化公共关系效用的方法论基础。

# 任务一　舆情管理

舆情管理流程主要分为舆情监测、舆情预警、舆情分析、舆情报告、舆情应急处置五大环节。通过舆情流程的管理，可以基本实现全面监测新闻、论坛、贴吧、博客、微博、社区等网络媒体。通过该流程管理系统可以对这些舆情信息载体，进行全面立体监测，做到舆情信息的"一网打尽"。

## 一、舆情监测

网络舆情监测按照监测方式划分，可以分为软件监测、事件监测、网站监测等。网络舆情监测是舆情预警、舆情分析、舆情报告和舆情应急处置的基础条件。

软件监测是指利用互联网信息采集技术及信息智能处理技术，通过对互联网海量信息自动抓取、自动分类聚类、主题检测、专题聚焦，对舆情进行监控、监视和预测的行为。通过信息技术对舆情进行监测是舆情监测的主要方式，同时人工监测也是不可或缺的。一般而言，网络舆情的软件监测比较机械，主要是对舆情话题、舆情倾向进行监测，主要利用抓取关键词、敏感词的监测与统计实现实时监控。利用该技术，一定程度上减少了人工参与的成本。但是，软件监测存在一定的缺陷，由于软件监测时算法逻辑存在机械化与程式化弊端，对一些模糊的、经过人为倾向性处理的关键词无法准确甄别，从而错漏部分潜在舆情。

事件监测是指依据重大突发事件的性质，对舆情进行直观判断，对现实社会舆情或主要网站的网络舆情进行监控、监视和预测的行为。按照事件类型，可以将舆情事件监测分为自然灾害事件监测、事故灾难事件监测、公共卫生事件监测、社会安全事件监测四个类型。自然灾害事件包括了自然变异导致的自然灾害事件与人为影响导致的自然灾害事件。暴雨、洪涝、海啸、台风等可预测的自然变异类灾害需要及时监测，并做好疏散工作。地震、滑坡、泥石流等不可预测的自然变异类灾害需要监控灾害影响引发的舆论，积极疏导网民心理并做好通报工作。过度开采导致的地面塌陷、人为烟火导致的森林大火等人为影响类灾害的监测方式与不可预测的自然变异类灾害监测方式基本相同。事故灾难事件是指在人们生产、生活过程中发生的，由人的生产、生活活动直接引发的，违反人们意志的、迫使活动暂时或永久停止的，并且造成大量的人员伤亡、经济损失或环境污染的意外事件。针对这些事件，需要相关部门第一时间对舆情进行监测，根据舆情发展与影响作出相应的官方判断。公共卫生事件主要包括传染病疫情、群体性不明原因疾病、食品安全和职业危害、动物疫情以及其他严重影响公众健康和生命安全的事件。针对这些事件，相关部门需要与卫健委、食品药品监管局等有关部门形成舆情监测合作机制，在相关专业领域做到精准、研判，减少非客观言论带来的社会恐慌与负面影响。社会安全事件属于人为因素导致的灾害，主要包括恐怖袭击事件、刑事案件、群体性事件、经济安全事件和涉外突发事件等。针对此类事件，相关部门需要与公安、司法等部门紧密合作，对潜在的社会安全进行评估和预判，对潜在舆情爆发点做到精准预防。

网站监测是指各级党委、政府或企事业单位对各大主要门户网站或有关专业网站进行监控，及时监视、预测和发现相关舆情的一种服务。一般来说，网站或网页具有流量统计功能，舆情工作人员可以通过了解以下数据对相关舆情进行监测：浏览次数、发帖数、回复数、转载率、回帖数、页面浏览数、回帖总数、总流量、日流量、点击率等，如图 5-1所示。主要可以通过对门户网站（如人民网、新华网、搜狐、新浪等）、网络论坛/BBS 进行监测，实时刷新，查看是否有关于本地区或部门的负面新闻报道，便于监测难以察觉的舆论。

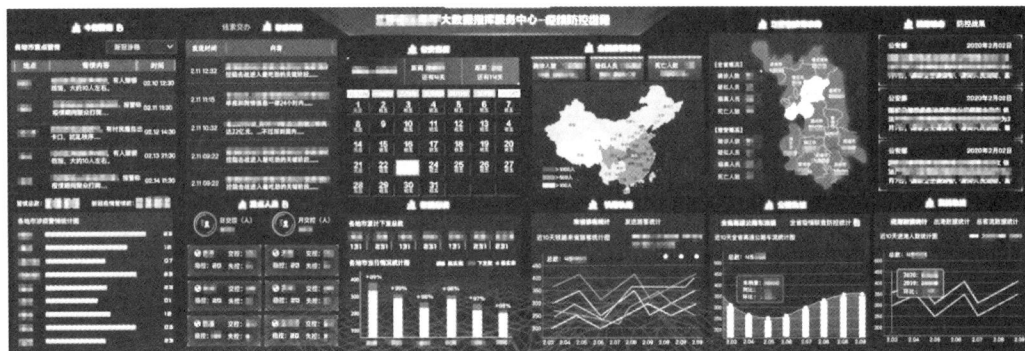

图 5-1　某舆情监测平台监测疫情防控内容（截图）

## 二、舆情预警

舆情预警是指从危机事件的征兆出现到危机造成可感知的损失这段时间内，对网络舆情尤其是负面舆情的及时妥善控制，从而达到有效化解网络舆论危机的目的，其意义在于尽早发现危机苗头，对可能产生的现实危机的走向和规模进行判断。

舆情预警的具体措施包括制定应急预案、加强技术检测力度、建立完善通报机制、相关部门紧密联动等。

舆情预警的分级标准可以分为两种形式，第一种是依靠技术数据手段，对照舆情预警的指标体系进行定量分析。《中华人民共和国突发事件应对法》中，将突发事件按照紧急程度、发展态势、可能造成的危害程度等因素分为四个等级。将其运用于舆情预警中，也可以分为轻警级［Ⅳ级（绿色），非常态］、中度警级［Ⅲ级（黄色），警示］、重警级［Ⅱ级（橙色），危险］和特重警级［Ⅰ级（红），极度危险］。第二种是根据历史经验，依靠人工方式对相关具有倾向性、模糊性、动机性的事件进行定性分析。使用定性分析的方式，可以较为准确和人性化地判断舆情是否对政府或部门有负面影响、舆情是否对政府或部门形象造成损害、舆情是否对公共利益造成威胁、舆情是否对公共安全造成威胁、舆情是否违背了传统伦理价值观或道德底线、舆情所涉及的舆论、言论是否有暴力倾向、舆情是否影响社会稳定、舆情是否引发冲突、舆情是否引发社会恐慌、网上相关言论是否会引发现实暴力冲突……，由于这些内容的判定较难进行量化与编码，因此适合使用定性分析的方法。

### 三、舆情分析

舆情分析一般而言是网络舆情发生之后，或网络舆情正在进行的过程中，通过对捕捉到的信息进行解码、编码，达到充分掌握舆情的起源、特征、动态、走势、发展方向。舆情分析主要依靠的是大数据分析方法，最主要的方法有基于 Web 日志挖掘的趋势分析、社会网络分析、分类分析、倾向性分析、关联规则分析等。

#### （一）基于 Web 日志挖掘的趋势分析

Web 日志挖掘分析可以分为两种类型：第一种是浏览日志分析，第二种是搜索日志分析。浏览日志分析分为四个步骤：第一步是对浏览日志数据中已被浏览的网页进行采集；第二步是随机抽取一部分作为样本集，然后对样本集进行聚类；第三步是整理并组成多个热度较高的网页簇，从中选取关注的单个网页簇进行特征词的抽取；第四步是对所有的网页使用抽取后的网页特征向量进行二次聚类，从而得到纯净的网络舆情网页集，并得到网络舆情的演变过程。搜索日志分析主要针对以下两个方面：第一个方面是搜集并记录关键词，根据对关键词内容的统计进行分析，得出民众最关心的话题和热点；第二个方面是记录搜索时间和网页链接，通过这两点找出引发舆论的源头，并发现网民关注点的产生和变化过程。

#### （二）社会网络分析

对各大社交网站中图片与视频进行舆情分析主要依托于社会网络分析，比如 Instragram、Flickr、黄油相机等图片分享类社交软件，抖音、快手等视频分享类社交软件，以及微博、微信、小红书等图文分享类社交类软件中的图片与视频，通过发现图片所要表达的内容、节点性质和时间等因素对信息的传播影响，进而对相关内容进行研判。不仅仅是对图片为代表的视觉内容进行分析，而且将舆情分析可视化也是社会网络分析的重要板块。比如使用关系图模型以实验的方式对社交网络的结构和用户数据进行分析，从而厘清社交网络的可视化分析方案。

#### （三）分类分析

一般而言，网络舆情的分类分析主要基于主题内容进行分类，可以多使用决策树和神经网络模型进行分析。比如，有些学者运用神经网络 SOM 模型分类方法对某些品牌丑闻事件微博数量的变化进行聚类，得出品牌丑闻事件微博数量变化的类型有堤坝型、长坡型、突变型、缓坡型和对数型。

#### （四）倾向性分析

网络舆情的倾向性分析主要包括基于语意和机器学习的网络舆情形象性分析。比如，有些学者研发了一款可以针对给定的网络产品评论进行褒义和贬义判断的工具；学者通过情感分析技术从大量的微博文本中获得网民对一些重大事件的态度，并与传统的调查结果作对比进行分析；一些学者提出了针对基于情感记号的情感词典构造与情感分析方法，克服了微博文本长度短、表达形式自由、内容多样性强、语言较不规范等问题。

**（五）关联规则分析**

目前，应用关联规则对网络舆情事件进行分析的案例相对较少，并且该方法的发展与运用较为落后。某些学者发现网络热点事件的舆情关联是由网民的记忆、媒体的协同过滤与议程设置以及信息的"眼球经济"效应等多种原因造成的。舆情关联的作用会提升媒体和网民对事件的认知，对政府的治理也有促进作用，但是同时也可能造成网民反向认知、私人生活的社会化，而导致政治冷漠等问题的产生。

## 四、舆情报告

对舆情分析和研判后，形成书面形式的分析报告，即舆情报告。舆情报告可以以简洁清晰的形式呈现纷繁复杂的舆情，帮助我们认识舆情并在需要时确定着手实施舆论引导的策略。舆情报告对于决策者与大众了解和分析判断舆情都是十分重要的。舆情报告的行文大致分为：事件简述、传播态势、网民意见、媒体观点、趋势研判这五大板块，视情况还可在结尾加上"应对点评"或"对策建议"板块。舆情报告是在舆情监测、舆情预警、舆情分析的基础上进行的报告写作，具有实现走势预测、提出应对建议的作用。这七个部分相辅相成，均在舆情报告中扮演着重要的角色。

一份出彩的舆情报告，不仅能够准确地收集人们对"事件"的情绪、意见、要求和思想，还能对网络舆情走势进行预测，及时发现舆情热点和拐点，前瞻性地提出科学合理的应对建议，推动舆情事件的妥处。

**（一）事件简述**

网络舆情报告的事件简述通常遵循"5W＋1H"原则，即必须包含人物（Who）、时间（When）、地点（Where）、事件（What）、原因（Why）和发生过程（How）。通过对这六个要素的把握，舆情分析人员能够迅速把握舆情事件的主要内容，快速筛选有用的信息，提高决策效率。

**（二）传播态势**

传播态势主要针对一些具有专题性的舆情报告，其用以厘清该舆情事件的传播发展路径与分布状况。通过较为直观的图表显示该舆情未来的发展方向和走势，能够提供舆情管理者直接进行研判的直观依据。

**（三）网民意见**

网民意见是直接影响舆情发展的因素，因此对网民意见的分析显得尤为重要，这将直接决定舆情事件的发展走向。舆情报告中，需要对网民的情感、态度、行为等多方面进行分析，从而掌握较为全面的网民意见，以提炼网民的主要观点和舆论倾向。一般情况下，需要对点赞量高、转发量大、评论数量多的意见进行个案分析，以对持不同态度的网民意见进行准确抓取。

**（四）媒体观点**

媒体观点是间接影响舆情发展的因素，对媒体观点的分析同样重要，媒体的观点一定程度上影响了社会对该舆情事件的认知框架和性质判定。媒体作为舆论环境中的"意见领袖"，一定程度上，媒体观点被认为具有权威性、影响力、公信力，它所扮演的是舆论发展方向的"指挥棒"角色。因此，对媒体观点的分析十分关键，它能够反映媒体是否扮演好了"社会黏合"的功能，或者是否实现了设置正确的公众议题、阐释主流价值观念、树立正确价值立场、识别并疏导网民情绪的价值。

（五）趋势研判

网络舆情趋势研判的效果，与数据数量、质量和分析模型等密切相关。舆情报告的一项基本工作，就是基于网页主题进行内容抽取，梳理新闻转载关系、从监测与收集到的大量事件信息中提取代表舆情趋势与规律的内容为下一步的趋势研判提供依据。舆情分析师借助专业系统工具，通过对现有数据建模分析运算，可以识别事件信息之间的多次传播节点，对理解事件演绎路径，实现精准传播、有效引导以及舆论对冲具有重要意义。

（六）应对点评

应对点评，通常而言都是以第三方身份的客观角度对舆情进行阶段性或总结性点评。一方面，点评可以影响舆论产生主体的行为，对涉事主体产生压力，使之付诸行为，以使舆情往合理的方向发展。另一方面，点评可以使舆情管理者及危机应急决策者站在较为客观的立场上思考解决舆情问题的方案，使其在应对一些较为紧急的舆情事件时作出冷静、迅速且准确的判断。

（七）对策建议

一般而言，一些网络舆情事件爆发之初，相关决策者并不一定身处舆论事件之中，或者对舆情事件的根源、环境、发展走向、群体关系等一系列网络生态要素了解并不全面，因此舆情报告中的对策建议板块可以给舆情管理的决策者做决策参考。

## 五、舆情应急处置

舆情应急处置是指在网络舆情不可控或对社会产生重大不良影响的情况下，对舆情发展走向进行干预，营造清朗的网络空间。具体而言，即当出现涉及面广、社会影响大的突发事件时，对信息进行研究分析处理，形成舆情信息报告，及时为决策提供科学、全面、及时的舆情信息。

研究发现，突发事件一旦发生，一般2～3小时后就可在网上出现，6小时后便被多家网站转载，24小时后网上的跟帖和讨论就会达到高潮。在此过程中，政府必须本着有利于事件妥善处理、有利于维护社会稳定、有利于消除不良信息负面影响的原则，强化以人为本，提高服务能力，完善网络舆情快速反应机制，第一时间发布客观权威的信息，堵塞谣言传播通道，以增强新闻舆论的公信力。

舆情应急处置是检验一个地方和一个领导应急能力和综合素质的重要标志。舆情的应急处置需要始终坚持理性为主导的原则，坚持运用法治思维、"互联网＋"思维、辩证思维和系统思维来超前谋划，从而切实维护好群众的利益、法律的尊严和社会的稳定。

### 六、公关危机的预防和处理

尽管危机的发生是不可预测的，但组织的公关危机大多是可以预防的，任何组织都应该重视公关危机的预防工作。一旦发生危机，组织应立即采取有力措施，尽快渡过危机状态。

在对世界 500 强企业董事长和总经理的调查中发现，这些企业被危机困扰的时间平均为 8 周半，没有应变计划的公司要比有应变计划的公司被困时间长 2.5 倍。世界 500 强企业危机后遗症的波及时间平均为 8 周，没有应变计划的公司也比有应变计划的公司长 2.5 倍。可见，对危机进行预防是有必要的。公关危机的预防是对公关危机的隐患进行监测、预控的危机管理活动。对于公关危机的预防工作，可从以下两个方面进行考虑。

1. 做好危机预警工作

许多危机在爆发之前都会出现某些征兆，因此，应该建立预警系统来及时捕捉这些危机的预兆。

2. 做好危机预控工作

建立预警系统可由公共关系人员协同各个管理部门来进行，主要包括：加强公共关系信息与组织经营管理信息的收集分析工作；密切注意国家经济政策的变化；加强与重点客户的沟通；经常分析竞争对手的生产经营策略和市场发展情况；定期或不定期进行自我诊断；开展多种调研活动，并在此基础上研究和预测可能引起组织危机的突发事件，使企业危机在萌芽状态被消除。

### 案 例

2015 年 5 月 17—18 日间，一场突如其来夹杂着冰雹的暴雨袭击了长春。这场暴雨造成了长春城区多处发生了严重积水，将"一汽—大众奥迪"引入一场公关危机事件。位于长春的"一汽—大众奥迪"停车场，200 多辆新车全部被暴雨浸泡。对于"一汽—大众奥迪"品牌方而言，这场舆论漩涡来得有些突然。

5 月 21 日，"一汽—大众奥迪"发布官方声明，就车辆进水一事做出回应，证实了由于长春暴雨 283 辆奥迪 A6L 浸泡受损，并确保这些车辆不会进入销售渠道。5 月 22 日，为彻底平息媒体和消费者的担忧，"一汽—大众奥迪"再次发布公告，并将 283 辆受损车底盘号全部公之于众。

危机公关中的危机预控工作主要有：建立危机处理小组；指定组织发言人；建立以媒体关系为核心的紧急事件处理联络网；对组织潜在的危机形态进行分类；制定预防危机的方针、政策；为处理每一项潜在的危机制定具体的战略和战术；确定可能受到危机影响的公众；在制订危机应急计划时，多倾听外部专家的意见；写出书面报告；对有关方案进行不断的试验性演习；为确保处理危机时有一批训练有素的专业人员，平时应对他们进行专门的训练。

## 案 例

2006 年 6 月 15 日，《第一财经日报》发表了《富士康员工：机器罚你站 12 小时》一文，揭示了富士康工厂员工超时加班及相关内部管理等问题。本报记者随后实地调查了富士康在江苏昆山的另一个代工厂。文中提到了这类规模庞大的企业，也有比一般中小代工厂优越的一面，如加班费、食宿等方面。

8 月 18 日，苹果公司针对富士康在深圳的工厂状况发布了一份报告。该报告称：调查小组发现，该供应商复杂的工资结构，明显违反了苹果公司的供应商行为准则《Supplier Code of Conduct》（下称《行为准则》）的相关要求。

同时，调查还发现，富士康员工的加班时间超过了《行为准则》有关最高每周工作 60 小时、至少休息一天的规定。通过检查不同生产线上 7 个月的换班记录，苹果公司发现，这段时间内，富士康员工平均每周工作时间超时 35％，其中四分之一的员工连续工作 6 天以上。

出人意料的是，7 月 10 日，富士康公司以新闻报道中事实采访不清，找出 84 处错误，以名誉侵权纠纷为由，通过法院将《第一财经日报》编委翁宝、报社记者王佑两位个人的财产分别查封、冻结。其依据是民事诉讼的财产保全措施。

2006 年 9 月 4 日，富士康撤诉与《第一财经日报》互致歉意。3000 万的索赔转移了公众热点，也预防了富士康公关危机的持续扩大。

## 任务实训

互联网舆情处理讨论

### 实训目的

加深学生对互联网舆情处置的认识

### 实训安排

1. 学生收集并讲解一些组织舆情处置的故事或案例
2. 分析收集的故事或案例的特点，并讨论舆情处置工作的重要性
3. 将分析讨论成果做成 PPT，分小组演示、分享

### 教师注意事项

1. 由生活事例、企业经营事例导入对互联网舆情处置的介绍
2. 提供一些简单的互联网舆情处置案例，供学生讨论
3. 分组点评，并将学生的表现计入平时成绩

## 任务一小结

```
                              ┌──────────────────────────┐
                     ┌────────│      基于Web日志挖掘的趋势分析      │
                     │        └──────────────────────────┘
          ┌────────┐ │        ┌──────────────┐
      ┌───│ 舆情监测 │ │   ┌────│   社会网络分析   │
      │   └────────┘ │   │    └──────────────┘
      │              │   │    ┌──────────────┐
      │   ┌────────┐ │   ├────│    分类分析    │
      │   │ 舆情预警 │ │   │    └──────────────┘
      │   └────────┘ │   │    ┌──────────────┐
      │              │   ├────│   倾向性分析   │
  ┌─────┐ ┌────────┐ │   │    └──────────────┘
  │ 舆  │ │ 舆情分析 │─┘   │    ┌──────────────┐
  │ 情  │ └────────┘     └────│   关联规则分析   │
  │ 分  │                     └──────────────┘
  │ 析  │                     ┌──────────────┐
  │ 与  │                 ┌───│    事件简述    │
  │ 公  │                 │   └──────────────┘
  │ 关  │                 │   ┌──────────────┐
  │ 危  │                 ├───│    传播态势    │
  │ 机  │ ┌────────┐      │   └──────────────┘
  │ 处  │─│ 舆情报告 │──────┤   ┌──────────────┐
  │ 理  │ └────────┘      ├───│    网民意见    │
  └─────┘                 │   └──────────────┘
      │                   │   ┌──────────────┐
      │                   ├───│    媒体观点    │
      │                   │   └──────────────┘
      │                   │   ┌──────────────┐
      │                   ├───│    趋势研判    │
      │                   │   └──────────────┘
      │                   │   ┌──────────────┐
      │                   ├───│    应对点评    │
      │                   │   └──────────────┘
      │                   │   ┌──────────────┐
      │                   └───│    对策建议    │
      │                       └──────────────┘
      │   ┌─────────────┐
      ├───│   舆情应急处置   │
      │   └─────────────┘
      │   ┌──────────────────┐
      └───│   公关危机的预防和处理   │
          └──────────────────┘
```

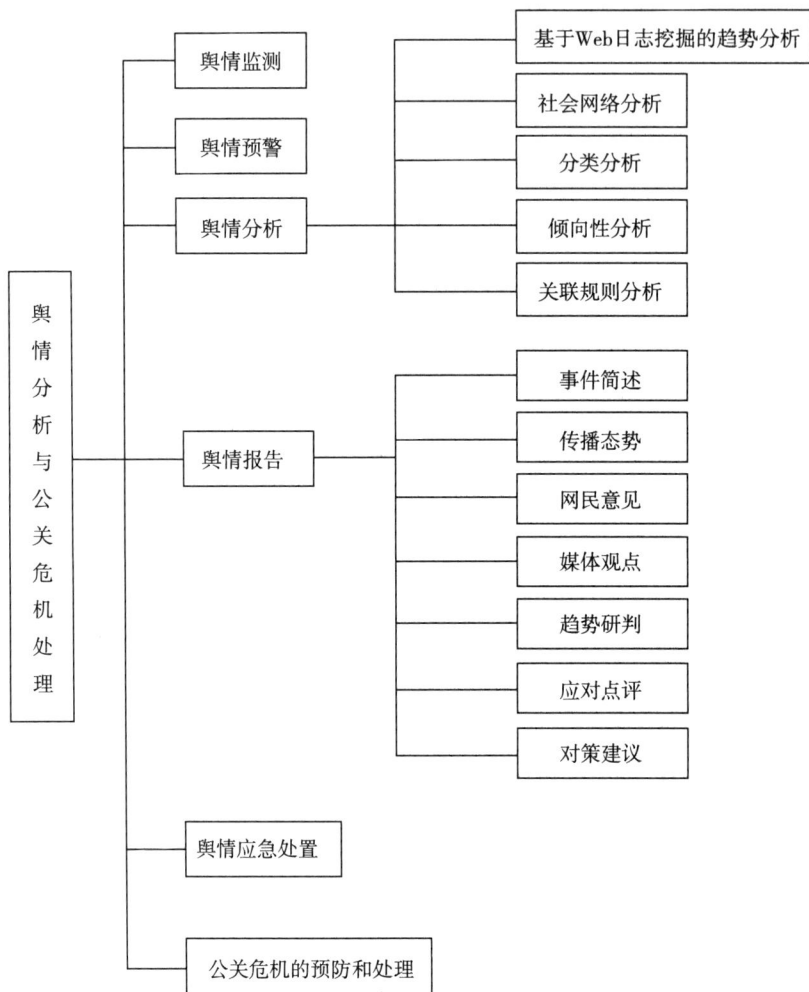

### 知识技能检测

## 一、课堂讨论

（1）组织处理公共关系危机应有何种态度？

（2）互联网舆情的传播途径有哪些？

## 二、课后自测

1. 选择题

（1）公共关系危机处理计划内容包括（　　）

A. 危机处理目标、程序组织人员　　　　　　B. 人员分工

C. 后勤保障和行动时间表　　　　　　　　　D. 各个阶段要实现的目标

（2）互联网舆情监测中，企业可以采取的措施包括（　　　）。

A. 加强舆情信息的收集　　　　　　　　　　B. 分析舆情信息数据

C. 捕捉舆情话题　　　　　　　　　　　　　D. 分析舆情倾向

**2. 判断题**

（1）公共关系危机的预防是公共关系专业人员的任务。　　　　　　　　（　　　）

（2）互联网舆情常常会对组织形象造成重大损害。　　　　　　　　　　（　　　）

## 三、案例分析题

2021 年 7 月 16 日—25 日 12 时，河南郑州出现强降雨，造成全省 139 个县（市、区）1464 个乡镇 1144.78 万人受灾，因灾死亡 63 人、失踪 5 人。全省累计转移安置 131.78 万人，需紧急生活救助 29.6 万人，农作物受灾面积 876.6 千公顷。暴雨影响持续扩大，出现了众多因暴雨引发的灾情，如地铁瘫痪、公路瘫痪、供电障碍等问题，"郑州地铁 5 号线一车厢多人被困"事件等。在此次千年一遇的极端暴雨灾害事件中，灾情更新、求助帖文、志愿援助等相关信息在网络空间不断传播，形成了长时间的巨大舆论热潮。这场大暴雨对于人民财产造成巨大损失，同时这也给了众多网络谣言可乘之机。

此次事件中，谣言传播渠道多元，主要以视频传播、图文消息等形式在社交媒体上发散，见表 5-1 所列。从事件传播的热度来看，"郑州进入特大自然灾害以及战备状态"阅读量较高，在 7 月 20 日便有自媒体博主以"郑州将防汛应急响应级别提升至一级"曲解为"郑州进入特大自然灾害一级战备状态"，以及"新中国成立以来首次"等夸张词汇，传播不实消息，渲染网络恐慌情绪。

表 5-1　郑州大雨热度

| 网络谣言 | 谣言传播形式 | 辟谣主体 | 网络热度 | 备注 |
|---|---|---|---|---|
| 郑州进入特大自然灾害一级战备状态 | 文字传播 | @郑州发布官方渠道 | 8768 讨论 6399.8 万阅读 | 经核实为不实消息 |
| 常庄水库决堤 | 视频传播 | 水利部门 | 1.8 万讨论 1124.4 万阅读 | 正常泄洪，水库不存在爆破、决堤的问题 |
| 郑州被冲走女子趋势 | 视频传播 | 自媒体渠道 | 106 讨论 8.4 万阅读 | 女子已在老乡们的帮助下获救 |
| 郑州海洋馆的鲨鱼跑出来了 | 视频、图文 | 新闻工作者 | 458 讨论 83.8 万阅读 | 网络视频实际发生地点在国外，上传时间为去年，视频中翻腾的"座头鲸"是艺术合成 |

此类谣言信息虽在小群体范围内引发猜疑、扩散传播，但官方的迅速辟谣为遏制谣言传播、疏散网络情绪形成重要作用，进而转发成舆论场中支持郑州渡过难关、抵制谣言的正面转化力量。7 月 21 日，陆续有官方信息发布渠道对网络谣言进行辟谣，如封面新闻、

中国新闻网、人民网、正观新闻、中国新闻周刊等影响力较大的传播主体。同时，在面对此类谣言新闻时，网民言论中自发表达出"拒绝谣言、不传谣、相信官方"等一致意见。7月21日16时左右，社交媒体平台发现部分账号借此炒作，散布谣言，引发对立，已对37个账号给予禁言甚至关闭账号的处罚。在面对自然灾害侵害民众生命财产时，舆情监测需要相关部门高度关注、广泛收集舆情信息，既要包括社交网站上的信息，也要兼顾到一些视频网站、论坛、咨询平台等上的信息，及时关注特大自然灾害的最新进展，对重点事件实施重点监测与收集。

## 实践活动

参与企业实际危机管理工作

## 活动目的

根据舆情监测，完成舆情管理流程的处理工作

## 活动安排

1. 教师与校外基地接洽，带领学生参与企业实际项目
2. 学生分组，参与企业公共关系危机管理、讨论并写出行动方案

## 教师注意事项

1. 引导学生参与公共关系活动项目
2. 学生分组讨论并制定危机管理活动方案
3. 分组点评，并将学生的表现计入平时成绩

## 思政案例

2022年1月17日，有媒体爆料四川巴中一女消费者称购买的"重庆小天鹅"集团的火锅底料，打开后发现底料里竟然有一根长长的塑料带，然后拍了视频并发到网上。

该消费者透露，曝光当天晚上，有多个自称是品牌方的人联系到该消费者。其中有人称希望该消费者删除视频，"钱可以谈，不然后果自负。""看你家小孩挺多的。""你不怕你觉得你小孩怕不怕。"该消费者表示，自己做生意比较忙没想过讹钱，针对这件事品牌方道个歉就结束了，没必使用威胁手段。"吃出来的东西有问题拍出来给大家看看，没觉得有什么问题。"该事件随后登上热搜，引发舆论关注。

公开资料显示，"重庆小天鹅"创立于1982年，"小天鹅火锅"是火锅餐饮品牌。2007年6月由"重庆小天鹅"集团、"红杉资本"中国基金、"海纳亚洲创投基金"共同组建而成"重庆佳永小天鹅餐饮有限公司"。小天鹅火锅在全国及海外拥有300多家连锁门店，遍及全国34个省（市、区）。

重庆"小天鹅"创始人何永智称："有人假冒员工，并已报案"。此后，"重庆小天鹅"集团创始人何永智在短视频平台回应称："涉事火锅底料是由'小天鹅百福火锅'石柱底

料厂所生产。我们很重视该事件，特别是假冒我公司员工威胁消费者的事情，我们已经组成了三人调查小组，前往巴东调查事情的真伪，并且已经向石柱公安局报案，严查此事件的幕后黑手"。

## 自我学习总结

1. 主要知识
2. 主要技能
3. 主要原理
4. 成果检验

# 任务二 危机公关

人们通常所说的危机，一般是指由非正常因素引起的某种非常事态，其外延十分广泛，如财政危机、金融危机、经济危机、能源危机、军事危机、管理危机等。

危机公关并不是常规的公共关系工作，它只在组织发生危机事件时才存在。在组织的发展道路上，危机事件的出现是在所难免的。特别是现代社会中，在信息知识"爆炸"、社会变动复杂、企业竞争激烈的条件下，更增加了组织危机事件出现的可能性和严重性。及时控制、降低或消除危机事件的不良影响，应是每一个组织公共关系人员必须认真对待的重大问题。

危机公关是指组织危机的公共关系处理。具体讲，危机公关就是任何社会组织为了处理给公众带来的损失、给企业形象造成危害的危机事件，以及预防、扭转或改变组织发展的不良状态所采取的公共关系策略与措施，也就是组织从公共关系的角度对危机的产生、发展、变化，采取或实施有针对性的一系列控制行为，其内容主要是对危机进行预防和处理。

2021年2月6日21时，湖南长沙23岁的车莎莎从货拉拉副驾驶跳窗，后经抢救无效不幸离世。货拉拉通过官方微博发布致歉和整改公告，承认在跟车订单行程录音问题上存在关键缺失。3月3日，检察机关以涉嫌过失致人死亡罪将犯罪嫌疑人周某春逮捕。该事件引发社会广泛关注。

公众不满从事件曝光到货拉拉回应的8小时时间差，将官方声明定义为"被迫之举"。双方就善后事宜进行首次商谈未果，货拉拉坦然"休假"10天，被网民大呼"冷血"，也点燃了受害者家属的愤怒情绪加上其在回应中表示商谈未达成一致，随后又称警方调查尚未形成定性结论，前后内容引发公众遐想，认为货拉拉涉嫌急于善后、意图私了。

货拉拉事件为货运平台的发展敲响了警钟，也为新经济业态下的"互联网＋"企业及从业者提了个醒。央视热评《货拉拉女乘客坠亡案：模糊的是非有必要廓清》指出，平台发展不能以忽视安全为代价，从业者应守好职责规范，绷紧安全这根弦。

可见，组织一旦出现危机事件，只要对其做出及时、妥善的处理，就能发挥巨大的作用。事实上，不少组织通过危机事件的处理，将危机的不利影响降至最低程度，乃至将不利影响转化为有利影响。反之，在危机事件爆发之后，组织不能及时采取有效措施进行处理，则可能给组织带来更大的损失。

## 一、危机事件的特点与类型

### （一）危机事件的特点

1. 突发性

几乎所有的危机事件都是在人们无法预料的情况下突然发生的，往往会令组织措手不及。组织由于毫无准备，往往会陷于混乱与惊恐之中。危机何时发生、怎样发生、在什么地方发生等都带有极大的偶然性，难以提前做出预测。当然，有些危机在萌芽状态时是可以察觉并能着手解决的，但如果不被组织重视，也会酿成大祸或灾难，如组织与公众关系不协调时，会产生一些不利于组织发展的谣言等，由此而引发祸患的事件是不可预测的，这也体现了危机事件的突发性特点。

### 2. 紧迫性

危机一旦发生，就有飞速扩张之态势，它会像一颗突然爆炸的"炸弹"，在社会中迅速扩散开来，对社会造成严重的冲击。同时，它还会像一根牵动社会的"神经"，迅速引起社会各界的不同反应，令社会各界密切关注，若不采取有效的制止措施，就容易使整个组织形象彻底遭到破坏。因此，必须牢记"兵贵神速"，强调危机公关的时效性。危机发生后，组织应首先想方设法防止事态的进一步扩大，然后采取具体而有效的措施修复和提高组织形象。

### 案　例

2018 年 1 月 9 日上午，微博网友@仲举扫地发布了一组图片，在万豪酒店发布的一份问卷调查中，选择"国家"的列表里，竟赫然出现香港、澳门、台湾以及西藏的选项。很快，这家在华拥有 124 家酒店的万豪集团被推向风口浪尖。

当天下午，万豪集团公关回应称只是"系统错误"，然而网友并不买账，随后网友扒出，万豪集团旗下"万豪礼赏"推特账号还给"藏独"账号的一篇文章点赞。至此，万豪集团彻底陷入信任危机。

结果，由产品或者公司行为引发的，涉及政府政策、政府舆论导向、公众安全、极端宗教势力、分裂主义政策性内容的负面信息，都被视为最高级别的危机公关，触及红线。然而如此危机之下，万豪集团公关的回应却不痛不痒，最终给酒店的名誉带来了损害。

### 3. 危害性

任何危机事件不仅会给组织的经济利益和声誉造成不利的影响，破坏组织的正常运转或生产经营秩序，带来严重的形象危机和巨大的经济损失，而且还会给社会造成严重的危害，给社会公众带来恐慌，甚至造成直接的损失。

危机越严重的事件，其危害性越大，因此，组织必须迅速及时地予以处理，否则，其后果不堪设想。

### 4. 可变性

危机事件是可变的，可以发生，也可以消除。在现代市场经济条件下，处于动态环境系统中的组织面临复杂多变的局面，难免发生危机。即使是处在顺境中的组织，发生危机事件也是可能的。另外，危机事件的发生有一个从准备期到爆发期的变化过程，在这个过程中，矛盾发展到一定程度达到临界点，外部的任何一个突发因素都可能导致危机爆发。如果组织能居安思危，注意监测环境，积极预防，就能防患于未然，把危机消灭在萌芽状态中。再有，危机事件是无规律的，表现为每一次危机事件产生的原因、表现的形式、事件的范围、影响的层次、损失的程度都不尽相同，因此，对危机的防范和处理的模式也不是固定不变的。

（二）危机事件的基本类型

一个组织所面临的可能性危机事件是多方面的，有时甚至是无法想象的。因此，了解和分析危机类型有助于我们科学地解决组织的危机问题。

1. 由不可抗拒的外部力量引起的事件

这包括自发性的自然灾害（如山脉、河流、海洋、气候等形成的灾害）和突发性的全国或世界性商业危机、经济萧条、社会政治动荡、战乱等。这类灾害是不以人们的意志为转移的，它往往给组织带来意想不到的打击，正可谓："人在家中坐，祸从天上来。"自然灾害中的洪涝、干旱、台风、森林大火、火山爆发、泥石流、海啸等，具有突然性、无法回避性、重大损害性等特点，常常使遭受打击的组织面临灭顶之灾。这些灾害的爆发通常与组织的管理责任不直接相关，事态及其后果也是组织无法控制的，对组织的公共关系形象也不会产生巨大的损害。但是，处理事件的方法可能会给组织形象带来有利或不利的影响。

2. 非组织成员有意或无意造成的事件

在现实生活中，一些不法分子会蓄意破坏、陷害、诽谤组织。例如，一些不正当竞争者或散布谣言，恣意损害竞争对手的形象；或盗用竞争对手的名义生产假冒伪劣产品；或进行比较性广告宣传，有意贬低竞争对手；或采取恶劣行径严重扰乱竞争对手的经营秩序等。这些事件往往对组织形象有重大的损害，要求组织学会自我保护和自我防御。这些事件虽然不是由组织自身的过错引起的，但或多或少与组织有关。事件的发生往往起因于组织缺乏自我保护的能力和措施，或者源于组织没有处理好与某些公众的关系。

3. 由公众的误解引发的事件

公众对组织的了解并不是全面的，有的公众会因信息的缺乏或听信一面之词对组织形成误解。尤其是当组织在产品质量、生产工艺、营销方式、竞争策略等方面有了新的进步、新的发展、新的探索时，如果公众一时还不能适应，或一时认识跟不上，用老观念、老眼光，主观判断，草率下结论，就易引发一些危机事件。这包括以下几个方面：一是服务对象公众对组织的误解；二是内部员工对组织的误解；三是传播媒介对组织的误解；四是权威性机构对组织的误解。无论哪一类公众对组织的误解，都有可能引发组织的危机。特别是传播媒介和权威性机构的误解，更可能使误解的范围扩大、程度加深，形成对组织极为不利的舆论环境。

4. 由组织管理方面的责任引起的事件

组织管理混乱往往会导致重大工伤事故、重大生产责任事故、污水排放、废气泄漏、劳资纠纷、罢工、股东丧失信心、内部人员贪污腐化等问题，这类事件同组织管理直接相关，对组织的形象和声誉会造成巨大的危害。有时，会出现组织内部员工蓄意破坏、报复或搞恐怖活动等，这类事件尽管同组织的整体管理无直接关系，但由于当事人是组织成员，所以常常跟组织对员工的教育和管理联系在一起，从而对组织形象产生较大的危害性。

## 二、危机处理原则

危机处理是一项重要且专业性强的工作，总结诸多经验，可以得出以下原则。

**（一）预测的原则**

预测的原则是指分析研究某些引发危机的线索和因素，预测将会遇到的问题以及事件发生后发展的程度和方向，从而制定多种可供选择的应变措施。一般情况下预测的主要内容是：有多少可能发生的危机事件；各种危机事件的性质；危机的影响范围、发展方向、发展速度等。当对这些状况有所预测后，立即向组织决策层、各职能部门传递信息，以加强协作，及时妥善处理危机事件。

国外学者的最新研究表明，如果组织不预先制定完善的危机管理战略，并在危机的最初阶段对其态势加以控制的话，危机造成的连锁反应将是一个加速发展的过程。凡事预则立，不预则废，所以一些组织等到危机无法收拾的时候才出面调停，则往往是大势已去，难以扭转乾坤。正因为如此，英国航空公司有一个"安抚组"，专门处理客户的不满，并在 3 天内做出回应。这套机构让公司清楚地知道哪个环节最容易出现问题，从而提出应对策略，做到未雨绸缪，防患于未然。

**（二）实事求是的原则**

组织在处理危机事件的时候，无论是对组织内部公众，还是对新闻记者、受害者、上级领导等，都不能隐瞒事实真相，以争取主动，求得公众的了解和信任；反之，则对组织不利。

**（三）应急的原则**

应急的原则是指对发生的危机事件采取有效措施及时地加以控制。危机事件一旦发生，极易出现人心散乱的危险局面。如何引导舆论、稳定人心，便成为处理危机事件的一项重要任务。因此，对可能出现的情况应分别制订应急计划和措施，对正在发展的危机事件要及时报告、及时处理，并与新闻界取得联系，及时做好报道工作。

**（四）积极行动的原则**

危机发生后，公共关系人员要迅速行动，及时赶到现场，迅速查明事实真相，及早采取措施。接待公众时，要尽其所能给予帮助。

2008 年，很多食用三鹿集团生产的奶粉的婴儿被发现患有肾结石，随后在其奶粉中被发现化工原料三聚氰胺。

三鹿集团开始进行危机公关工作，试图采用屏蔽有关新闻负面消息的方法来处理危机。对此，公关专家解决方案的建议是：此次危机属于产品质量危机，涉及面较大，如果企业能积极采取行动，主动配合专家、政府，与相关部门及时沟通，查找原因，采取有效措施，例如宣布立即召回出现质量问题的某批次奶粉，与媒体及社会公众主动沟通，争取媒体和消费者的谅解，这次危机也许会峰回路转，不会导致全国性撤柜的后果。

**（五）勇于承担责任的原则**

组织与利益公众之间的关系一旦发生危机，最见成效的办法就是协调好各种利益关系，尤其要注意受害者的利益，利益协调的好与坏直接关系到组织舆论状态和形象的改变。

此时，公众一般会关心两个问题：一个是物质层面的问题，即物质利益永远是公众关注的焦点。因此，组织应首先主动承担损失和责任，及时向受害者与所有的消费者道歉，并切实采取措施补偿损失。另一个是精神层面的问题，即公众的心理情感。因此，组织应该站在受害者及所有消费者的立场上表示同情和安慰，必要时还应通过媒体向社会公众发表谢罪公告，以解决深层次的心理情感问题，赢得公众的谅解和信任。若在危机面前百般推诿，强词夺理进行狡辩，则会造成非常不良的影响。

### 三、危机处理的一般程序

危机中进行公共关系运作，这是公共关系的一种特殊表现形态，是组织公共关系水平的综合体现。有效的危机公关工作不仅有助于避免组织不期望的事情发生，而且还是组织自我保护、维护形象的客观要求，它对于防止组织形象受损、维护已有的公共关系工作成果有着不可替代的作用。同时，有效地开展危机公关活动有助于在广大公众心目中树立一种特殊的"危机公关形象"，有助于提高组织的公共关系水平，提高组织成员的公共关系意识。因此，不能把危机事件完全看成坏事，它也可以转变为好事。正因为如此，必须制定出一个反应迅速、正确有效的危机处理程序，以避免情急之中的盲目性和随意性，防止公关危机中的重复和空位现象。

#### （一）采取紧急措施，防止事态发展

组织遭受突发性的公关危机，往往是猝不及防的，然而在此关键时刻，需要的是冷静，并采取紧急措施，防止事态的蔓延。因为现代社会信息传播高度发达，任何组织的公关危机事件都有可能被迅速传播，如果不加以紧急控制，就可能使组织遭受灭顶之灾，损失惨重。而采取紧急措施，一方面可以使组织的形象与声誉损失降到最低点；另一方面则赢得了宝贵的时间，以便组织能了解危机事件的真相，并妥善地处理危机。

#### （二）坦诚告知，表明诚意

组织一旦发生危机，便会受到社会与公众的关注，人们急于了解危机发生的真相，作为舆论代表的新闻界必然要来进行采访。此时，组织只有两种态度：一种是掩盖问题，隐藏真相；另一种是坦诚告知，表明诚意。通过以往事实证明，隐瞒事情真相，往往会助长公众的怀疑，扩大危机的波及面，其结果势必无法处理危机；而坦诚告知，表明诚意，才是最佳的选择。

### 案例 1

## 会理悬浮照事件

仅用了不到 48 小时，作为"领导悬浮视察"照的始作俑者，四川省会理县便成功地化解了汹涌的舆情危机，并借机推介起当地旅游资源，完成了一次漂亮的"逆转"。

2013 年 6 月 26 日，网名为"jiaoao502"的网友，在知名社区天涯的"天涯杂谈"板块上，发出了名为"《太假了！我县的宣传图片》"的帖子。帖子同时附上后来被称为"悬浮一代"的图片，以及会理县政府官方网站网址。

爆料帖发布当晚，即被当地舆情监测系统注意到。

6 月 27 日，会理县政府在新浪开通了官方微博并进行道歉。细心的网友注意到，"四川省会理县政府"从出现起，即带"V"，即通过实名认证。对此，当天有不少网友感叹会理的公关能力。

"前来采访比赛的记者中，正好有新浪的记者。他说这个事不大，开个微博进行一下解释就行了。"张永志解释，正是在这名记者的联系下，会理县的微博迅速通过认证，出现在公众视野。

"很快，我们的道歉信就有不少转发，跟帖评论也很多。"真相浮现，因为态度诚恳，没有推诿，网友对会理县的指责声渐渐平息。

道歉当晚，用户名为"会理县孙正东"的微博，几乎同时出现。在道歉信中，他是"悬浮照"的制造者。在贴出与官微内容相同的致歉信后，他不但表示"本人近段时间，将闭门苦练 PS 技术，欢迎大家指导"，还说"听说 PS 还在继续，会理领导表示'鸭梨很大'。他们不仅要长时间保持同一姿势处于飘浮状态、还要全球各地的跑、有时甚至还得穿越去参加开国大典什么的，很忙很累的有木有?! 麻烦各位大侠放下鼠标，高抬贵手，别再玩了。那些执迷不悟的'顽固分子'，悄悄提醒下，小心领导组织拆迁办去你家拆电脑哦。"

见"警告"无效，这位三十多岁的县政府办公人员，又开始发布"感谢全国热心网友，让会理县领导有机会在短短的时间内免费'周游世界'，'旅行'归来后，领导已回到正常的工作轨道，也希望网友把关注的焦点，转移到会理这座古城上来。会理是座有着两千多年历史文化的古城，也是古南方丝绸之路的重镇，看看@阿卓志鸿镜头下的美丽的会理吧，绝对没有 PS 哦"的言论。

"该帖成为迄今新浪微博中带有'会理'关键词的转发量和评论量最大的单条微博，对舆论的逆转有较大作用。"武汉大学沈阳教授及其团队在对会理事件进行舆情汇总分析后指出。

"亮点"同样出现在会理县官方微博中。6 月 29 日，官微开始推介会理的旅游资源，并主动提及登出的当地风景照"未 PS"。微博很快便有了上万次的转发评论，评论几乎是一边倒地褒扬之声。

"PS 事件既让大家欢乐了，又展示了网友强大的 PS 能力；既让大家讨论了对新闻真实性的看法，又增加了会理县的知名度；既展示了会理县应对网络事件的态度和能力，又表现出孙正东同学情商智商双高的特征。我几乎要认为这是最近最成功的网络公关事件了。"央视著名主持人张泉灵在微博上写道。

在天涯贴出帖子后，会理县当晚就删除相关新闻。在意识到事件可能会恶化后，立即在舆论主要扩散地天涯以及新浪微博开贴或发微博解释事件。针对网友事先关于领导并未去现场，所以拿 PS 图取代等猜想做了解释，消除了不必要的误解。这种先入为主、快速反应，对整个危机的化解有重要作用。

危机发生后，作为当事方，通过孙正东出面，以幽默的方式引导大家的注意力转向会理旅游。会理县政府的微博也借着关注度对本县做了自我宣传。

**（三）调查情况，收集信息**

对于突发性公关危机的处理，最终要建立在针对事件真相，采取相应、得体的公共关系措施的基础之上，因此，调查危机事件的真相就显得非常重要。也就是说，在灾难得到遏制、危机得到初步控制后，就要立即展开对危机的范围、原因和后果的全面调查，查明原因是为危机处理决策提供依据，也是成功处理危机的关键所在。

**（四）针对对象，确定对策**

在对危机事件真相调查分析的基础上，可以针对不同的对象确定相应的对策。这些对策大体上包括以下几个方面。

1. 对组织内部的对策

首先，迅速成立处理危机事件的专门机构，由一名本组织的主要负责人担任机构的领导。其次，判明情况，采取措施，通告内部全体人员，以统一口径共同行动。最后，可以奖励处理危机事件的有功人员，处罚事件的责任者，并通告有关部门，以平息众怒，求得公众的理解、同情、支持和合作。

2. 对受害者的对策

（1）认真了解受害者的情况，实事求是主动承担相应的责任，并诚恳地道歉。

（2）冷静地倾听受害者的意见，及时了解和满足受害者关于赔偿损失的要求。

（3）给受害者尽可能多的安慰和同情，并尽可能提供他们所需要的服务。

（4）设专人负责与受害者接触，在整个事件处理过程中，不随意更换调解人员。

3. 对上级主管部门的对策

（1）及时汇报。危机事件发生后，及时向上级主管部门汇报，不能文过饰非，更不能歪曲真相、混淆视听。

（2）及时联系。在事件处理中，应定期报告事态的发展情况，及时与上级主管部门取得联系，求得主管部门的支持和指导。

（3）总结报告。事件处理后，要形成详细报告，内容包括处理经过、解决办法和今后的预防措施。

4. 对业务往来单位的对策

（1）传递信息。尽快如实地传递事件发生的信息。

（2）告知对策。以书面的形式通报正在采取何种对策。

（3）当面解释。如有必要，应派人员到各单位去当面解释。

（4）说明处理经过。事件处理过程中，定期向各单位和各界公众通报处理情况。事件处理完毕，要以书面形式向对方表达诚恳的歉意。

5. 对其他公众的对策

（1）传播渠道。通过各种渠道向其他公众说明事件梗概，介绍事件经过、处理方法和今后的预防措施。

（2）接待来访。如果有人来访，不能拒绝，对于提出的问题，不能隐瞒事实真相，要坦诚回答、热情接待。

（3）公开道歉赔偿。可根据事件的性质和造成损害的程度，以组织或个人名义向公众表示歉意。必要时，应该赔偿经济损失。

（五）评价总结，改进工作

组织在平息危机事件后，一方面要注意从社会效应、经济效应、心理效应和形象效应等方面，评估消除危机的有关措施的合理性和有效性，并实事求是地写出处理报告，为以后处理类似事件提供依据；另一方面要认真分析事件发生的深刻原因，收集公众对组织的看法和意见，总结经验教训，以便改进组织工作，从根本上杜绝类似事件再度发生。

### 四、危机传播管理

在处理危机的过程中，组织一定要充分利用舆论，巧妙运用现代传播媒介，把组织驾驭危机的信心和胆略、危机的真相和处理危机的方法、进展，及时、准确地传达给公众，正确引导公众舆论，防止公众因误导而诱发不利于组织的联想。为此，要在了解组织危机的阶段、特点的同时，做好应对危机传播的管理方案。

组织危机不仅具有突发性、严重危害性，同时也具有扩散性。危机常常成为社会舆论关注的热点和焦点，更是新闻媒体报道的最佳新闻素材与报道线索，有时甚至牵动社会各界公众的神经。好事不出门，坏事传千里，一个负面消息的传播足以抵消千百篇正面的报道和千万次正面的广告宣传。

### 案 例

2012 年 6 月 11 日，《新京报》发表了一篇题为《烟台红富士套药袋长大》的文章。文章称：在山东烟台红富上苹果主产区栖霞和招远一带，果农大量使用一种小作坊生产的、无任何标志的药袋包裹幼果直到成熟，药袋中的白色药末与苹果直接接触。"该报道发布之后，被多家权威媒体和门户网站转载，消息迅速得到传播。媒体报道量持续上升；同时新浪微博开展了"药袋苹果之争"的讨论，吸引大量网友进行讨论，成为当日的微博热门话题。因触及食品公共安全这一敏感的议题，让最近沉浸在全国铺天盖地的"舌尖上的中国"民众着实沸腾与愤怒。享誉盛名的烟台苹果品牌形象大跌，烟台当地的经济发展及果农利益，遭受到难以承受之痛。

6 月 12 日，新京报再发文章，就此次"烟台药袋苹果"事件，烟台市相关部门大多以接受媒体采访的方式进行被动回应。12 日下午 3 点，烟台市政府新闻办召开保障苹果生产质量安全新闻发布会，就媒体报道内容进行了首次也是唯一一次官方回应。烟台市政府新闻发言人陈海涛称："从监测情况看，烟台市苹果质量总体是安全的，是有保障的，2010 年和 2011 年，农业部两次对我市苹果质量进行例行监测和风险评估检测，农药残留合格率均达到 100%。"

（1）微博平台传播分析。微博平台上，相关微博超过 13 万条，相关微信文章超过 1000 篇。

（2）媒体报道内容分析。央视《真相调查》对此事进行了报道，到目前为止，各级监测和风险评估都已完成，没有发现任何农残超标的苹果。

关于药袋的报道将烟台苹果推向舆论的风口浪尖，套袋这项技术也被公众所关注，苹果到底能不能套袋呢？在央视《真相调查》的报道中，西北农业科技大学韩明玉教授认为，套袋是一种减少果品农药残留的很好技术，十多年来，苹果套袋在我国苹果主产区大面积应用。6月13日，全国各地媒体纷纷对烟台市政府的官方回应进行了报道，同日，《21世纪经济报道》对该事件进行了独立调查，新华网记者就本次事件采访了权威专家束怀瑞，均得出烟台药袋苹果只是"个别现象"的结论，媒体报道量达到了此次舆情事件的峰值。

部分常驻外地籍贯山东烟台的知名记者、作家、知识分子、网络评论员，在博客、微博等自媒体平台上为烟台苹果的品牌进行辩护。衣向东、刘原等公众意见领袖，不仅表达了自己的观点，更重要的是充分发挥了自身显著的影响力，有效地引导了网民的意见。果农们在微博中发布了大量图片，现身说法为烟台苹果正名，使网民的倾向性逐渐向有利于烟台苹果的方向发展。

农业部农产品质量安全监督局于6月20日派出专家小组到烟台地区，对当地苹果树使用药袋的情况进行调查。经过近半个月的检测和评估，结果将于近期公布。专家组成员方金豹称，根据目前的调查情况看，"套袋"这种方法在山东烟台使用的普及率很高，达到95%以上，药袋使用有农药残留，但是比例非常低。

对于使用药袋是否有危害，方金豹称："因为现在离苹果成熟季节尚早，苹果现在还小，即使是药袋能沾上一点农药，经过采收长时间的操作后还有这么长的时间，应该没有什么大的问题。"

农业部调查组也委托国家级检测中心之一的河南郑州果品检测中心，对烟台市冷风库中储存的苹果抽样进行了专项应急检测。烟台市农业局也在上海、北京、广州、深圳、武汉等烟台苹果主要销售地区委托当地有资质的检测单位、检测机构对市场上销售的烟台苹果进行了检测。方金豹称："专家组对烟台当地冷库和批发市场以及北京、上海等11个城市的超市、批发市场进行了随机抽样，根据目前的检测结果来看，都符合国家新的限量标准要求，没有超量样品。"

（一）组织危机的特点

正是由于组织危机易扩散和受舆论关注的特征，作为组织的公共关系人员在整个危机处理的过程中扮演着重要的控制危机传播的作用。了解危机传播的阶段和特征是处理危机传播管理的前提。

1. 危机酝酿期

危机酝酿期指的是危机的孕育时期。这个阶段的特征是：危机有时有些预兆和端倪，当然更多的危机是难以察觉的，此时如果能察觉的话，危机就有可能被扑灭。

危机的酝酿是一个长期的过程，在实践中，危机的爆发只在瞬间，但其隐患却可能经很长时间才酿成。比如，在员工无礼对待消费者的案例中，可能是存在思想教育或管理的问题；在一个产品的瑕疵案例中，可以从产品开发、原料采购、质量控制、成品生产和运输等各个环节中找到源头。

## 2. 危机爆发期

危机爆发期指的是危机的发生时期。这个阶段的特征是：危机已经浮出水面，细心敏锐的人肯定可以察觉，而忽视和迟钝则会导致熟视无睹。在这个阶段，危机虽已经暴露，但可以逆转，也可以转化。

## 3. 危机扩散、蔓延期

危机扩散、蔓延期指的是危机发生后，通过媒介、人员、组织的传播，危机不断扩散，受众知晓率爆炸式上升。从传播的角度来说，此时信息的内容复杂化，有准确的，也有不准确的；有目击的，也有猜测的。信息传播渠道也呈多样化，有从现场得到的（信息的原始起源），有从相关组织或人员得到的，也有从媒体得到的（比如一些媒体会转载来自其他媒体的信息）。现场的地点、人物，媒体自身，企业自身，相关的组织、人物，随着事态的进一步发展，都有可能成为信息传播源。另外，人们的好奇心需要得到满足，而原因又在进一步的调查中，造成信息"真空"，这时，媒体、公众会从各种渠道来填补好奇心。这个时期的特征是：危机事态正在发展，本质原因却不一定很明确，现象则在传播中不断复制。

## 4. 危机减弱、消失期

通过事态的发展、事件的处理、原因的调查，事情有了结果，公众、媒介的关注逐渐减弱、消失。

## （二）制定危机传播管理方案

在做好危机管理方案的同时，要制定危机传播管理方案，危机传播管理方案的内容和要求如下。

### 1. 设立一个专门负责的发言人

危机发生后，不管是应付危机的常设机构，还是临时组织起来的危机处理小组，均应当迅速各司其职，尽快搜索一切与危机有关的信息，并挑选一个可靠、有经验的发言人，将有关情况告知社会公众，而他代表的就是组织决策层的意见。

应当注意的是，对外传播的信息只由这一个人输出，而不要有多种声音；另外，发言人的讲话态度一定要诚恳、和气。这项工作一般由公共关系部经理担任。

### 2. 主动与新闻界沟通

危机发生后，新闻界必然要来采访。与其在它们来之后被动地受访，不如自己主动地通报给日常工作中经常打交道的新闻单位，并尽量给予采访上的便利，积极提供新闻参考资料（可公开的或不可公开的）和背景材料，以免他们通过一些非正常渠道去找新闻来源。

### 3. 公布造成危机的原因

作为最后一步，应坦诚地向社会公众及新闻界说明造成危机的原因。如果是自己的责任，应当勇于向社会公众承认；如果是别人的故意陷害，则应通过各种方法使真相大白，最主要的是要随时向新闻界等说明事态的发展，澄清无事实根据的"小道消息"及流言蜚语。

## 五、重塑组织形象

危机对任何组织都是一场严峻的考验。有时，危机对素质良好的组织来说是一个塑造组织形象的机会，但是对大多数经历危机的组织来说，不管是否有能力解决危机，其组织形象都会不同程度地受到损害。正如组织形象的树立过程是一个长期的过程，组织形象的损害也是一种潜在的长期损害，其不利影响会在今后组织的生产经营活动中日益体现出来。因此，在恢复时期，公共关系人员应该在如何重建组织形象上多下工夫，应该牢记：只有当组织的形象重新得到建立，组织才能转危为安。一旦组织发生了危机，就会失去公众的信任，使组织原先的顺意公众变成逆意公众。同时组织也会失去长期以来经过艰辛努力建立的良好公共关系环境和获得的产品市场份额，导致组织美誉度及经济效益下降。因此，如何力挽狂澜并重塑形象是组织面临的主要问题。

### （一）树立重建组织良好形象的强烈意识

在危机处理中，组织除了平时要有强烈的公共关系意识，还必须树立重建良好公共关系形象的强烈意识。要有重整旗鼓的勇气和再造辉煌的决心，而不能破罐子破摔。只有公共关系形象重新得到建立，组织才能谈得上进入了良好的公共关系状态。

### （二）重建组织形象的目标

组织在恢复形象的过程中，可以根据调查的结果来策划重建组织形象的方法。如果是组织的美誉度受到损害，则组织可以采取提高产品和服务质量的方式进行形象的重建；如果是因为组织与媒体的关系导致的危机，可以采取不断与媒介进行沟通的方式进行形象的重建。

重建组织形象的目标，具体说来分为四个方面：第一，使组织公关危机事件的受害者或其家属得到最大的安慰；第二，使利益受损者重新获得作为支持者的信心；第三，使观望怀疑者重新成为真诚的合作伙伴；第四，尽量获得更多的事业上新的关注者和支持者。

### （三）采取建立良好形象的有效措施

组织在确立了重建形象的目标之后，其工作的关键是如何采取有效措施，这些措施包括对内和对外两个方面。

对组织内部：一是要以诚实和坦率的态度来安排各种交流活动，以形成组织与员工之间上情下达、下情上达的双向交流，保证信息畅通无阻；增强组织管理的透明度和员工对组织的信任感；二是要以积极主动的态度，动员组织全体员工参与决策，制订组织在新的环境中的发展计划，让员工形成乌云已经散去、曙光就在前方的新感受；三是进一步完善组织管理的各项制度和措施，从而有效地规范组织行为。

对组织外部：一是要同平时与组织息息相关的公众保持联络，及时告诉他们危机后的新局面和新进展；二是要针对组织公共关系形象的受损内容与程度，重点开展某些有益于弥补形象缺损、恢复公共关系形象的公共关系活动，与广大公众全面沟通；三是要设法提高组织的美誉度，争取拿出一些过硬的服务项目和产品在社会上公开亮相，从根本上改变公众对组织的不良印象。

## 任务实训

讨论公共关系危机预防措施

## 实训目的

提高学生对公共关系危机预防的认识

## 实训安排

1. 学生收集并讲解一些公共关系危机预防的故事或案例

2. 分析收集的故事或案例的特点，并讨论公共关系危机预防工作的重要性

## 教师注意事项

1. 由生活事例、企业经营事例导入对公共关系危机预防的介绍

2. 提供一些公共关系危机预防的简单案例，供学生讨论

3. 提供相应学习资源

## 任务二小结

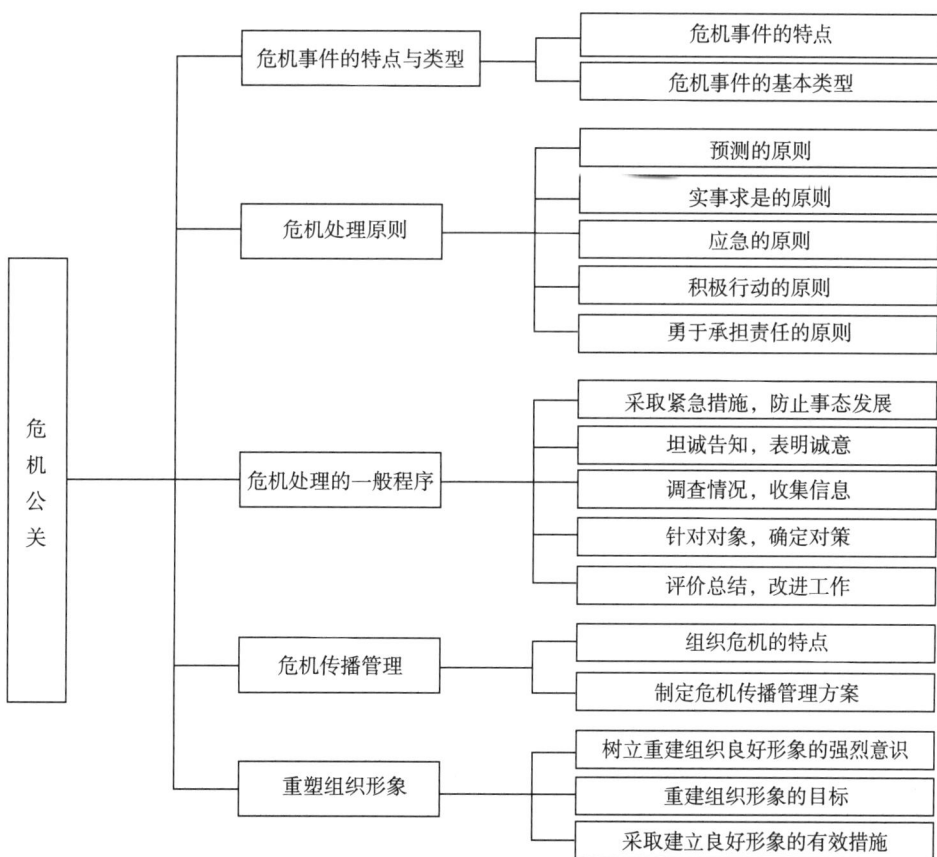

## 知识技能检测

### 一、课堂讨论

(1) 引发公共关系危机的因素有哪些？

(2) 公共关系危机表现为哪几种事件？

### 二、课后自测

1. 选择题

(1) 引发企业公共关系危机的内部环境原因主要有（　　）。

A. 组织自身素质低下　　　　　　　　　　B. 经营决策失误

C. 法制观念淡薄　　　　　　　　　　　　D. 公共关系行为失当

(2) 社会公众误解包括（　　）。

A. 服务对象对企业的误解　　　　　　　　B. 内部员工对企业的误解

C. 媒体对企业的误解　　　　　　　　　　D. 权威性机构对企业的误解

2. 判断题

(1) 危害性是公共关系危机的最基本特征。　　　　　　　　　　　　　（　　）

(2) 公共关系危机事件一般不会造成社会影响。　　　　　　　　　　　（　　）

(3) 公共关系危机的潜伏性决定了公共关系危机的不可防范性，因而不必预防。

（　　）

### 三、案例分析题

2022 年 1 月 10 日，"肯德基盲盒二手价暴涨 8 倍"的消息冲上热搜。1 月 12 日，中国消费者协会发布的《"盲盒"诱导食品过度消费，当抵制！》一文指出，"肯德基用'饥饿营销'手段，造成食品浪费，应当抵制。"

盲盒也好，躺倒鸭玩具也罢，肯德基作为"永远和年轻人站在一起"的品牌，一直深谙饥饿营销之道。对于被中国消费者协会点名这一事件，肯德基客服回复称："盲盒不受影响，将继续销售至 1 月 16 日。"肯德基官方始终也没有做出相应的回应。被中国消费者协会点名后，肯德基还上线"哆啦 A 梦"套餐玩具，虽然不是盲盒，但却有点顶"风"作案的意思。

盲盒经济大行其道，而"盲盒＋宠物""盲盒＋美妆""盲盒＋餐食"等一系列无视生命、浪费食品的恶劣事件层出不穷，饥饿营销、恶意引流、遮蔽理性等过度营销手段更是屡见不鲜。监管的补位总是慢半拍，在肯德基盲盒事件发酵后，1 月 14 日，上海市市场监管局发布《上海市盲盒经营活动合规指引》，以官方叫停了此次营销套路。

### 实践活动

讨论公共关系危机处理措施

## 活动目的

加深学生对公共关系危机处理程序的认识

## 实训安排

1. 学生收集并讲解一些公共关系危机处理的故事或案例
2. 分析收集的故事或案例的特点，讨论公共关系危机处理工作的重要性

## 教师注意事项

1. 由生活事例、企业经营事例导入对公共关系危机处理的介绍
2. 提供一些简单的公共关系危机处理案例，供学生讨论
3. 提供相应学习资源

## 思政案例

### 海底捞"老鼠门"事件

2017 年 8 月 25 日上午，《法制晚报》下属的"看法新闻"发表了一篇标题为《记者历时 4 个月暗访海底捞：老鼠爬进食品柜 火锅漏勺掏下水道》的文章。

8 月 25 日 14 点，海底捞在其官方微博和官网发布致歉信（对外），首先承认了曝光内容属实并提供了过往处理类似事件的查询通道。感谢媒体和群众的监督，表示愿意承担相关的经济和法律责任。承诺对所有门店进行整改，后续将公开整改方案。

8 月 25 日 17 点，海底捞在其官方微博和官方发布处理通报（对内），内容包括对事件门店的停业整改处理，所有门店开启卫生排查，接受公众、媒体的监督，安抚涉事事件的员工。海底捞在其官方微博发布了《关于积极落实整改，主动接受社会监督》的声明。

8 月 27 日，海底捞在全国门店完成了整改工作：全国 60 多家老店是改造重点，单店平均花费 5 万元升级监控，增加海底捞后厨展示区域，北京所有门店后厨实时直播、海底捞在门店设置参观卡，消费者可申请参观后厨等。

**问题：从海底捞公关事件可以总结出哪些经验和教训？**

## 自我学习总结

1. 主要知识
2. 主要技能
3. 主要原理
4. 相关知识与技能
5. 成果检验

# 参 考 文 献

[1] 周安华. 公共关系：理论、实务与技巧 [M].7 版. 北京：中国人民大学出版社，2022.

[2] 胡百精. 公共关系学 [M].7 版. 北京：中国人民大学出版社，2018.

[3] 甘布尔，等. 有效传播 [M].7 版. 熊婷婷，译. 北京：清华大学出版社，2005.

[4] 凯文·莱恩·凯勒. 战略品牌管理 [M].4 版. 吴水龙，何云，译. 北京：中国人民大学出版社，2014.

[5] 吴柏林. 广告学原理 [M]. 北京：清华大学出版社，2009.

[6] 威廉·M. 普赖德，O.C. 费雷尔，等. 营销观念与战略 [M]. 梅清豪，等译. 北京：中国人民大学出版社，2005.

[7] 苏比哈什·C. 贾殷. 国际市场营销 [M].6 版. 吕一林，雷丽华，译. 北京：中国人民大学出版社，2004.

[8] 杰克·西瑟斯，罗杰·巴隆. 广告媒体策划 [M].6 版. 闫佳，邓瑞锁，译. 北京：中国人民大学出版社，2006.

[9] 吴柏林. 广告策划与策略 [M].2 版. 广州：广东经济出版社，2009.

[10] 吴柏林. 广告策划：实务与案例 [M].3 版. 北京：机械工业出版社，2017.

[11] 薛澜，张强，钟开斌. 危机管理：转型期中国面临的挑战 [M]. 北京：清华大学出版社，2003.

[12] 罗伯特·希斯. 危机管理 [M]. 王成，宋炳辉，金瑛，译. 北京：中信出版社，2001.

[13] 郭惠民. 中国最佳公共关系案例选评（之五） [M]. 上海：复旦大学出版社，2003.